Instructions

Find the words on the list that are given on each page. When you find the word on the list, then circle it like in the example below.

Words can appear forwards, backwards, and diagonally.

Some of the words in the puzzles can be challenging to find, so it is recommended that you use a pencil, in case you make a mistake.

Have Fun!

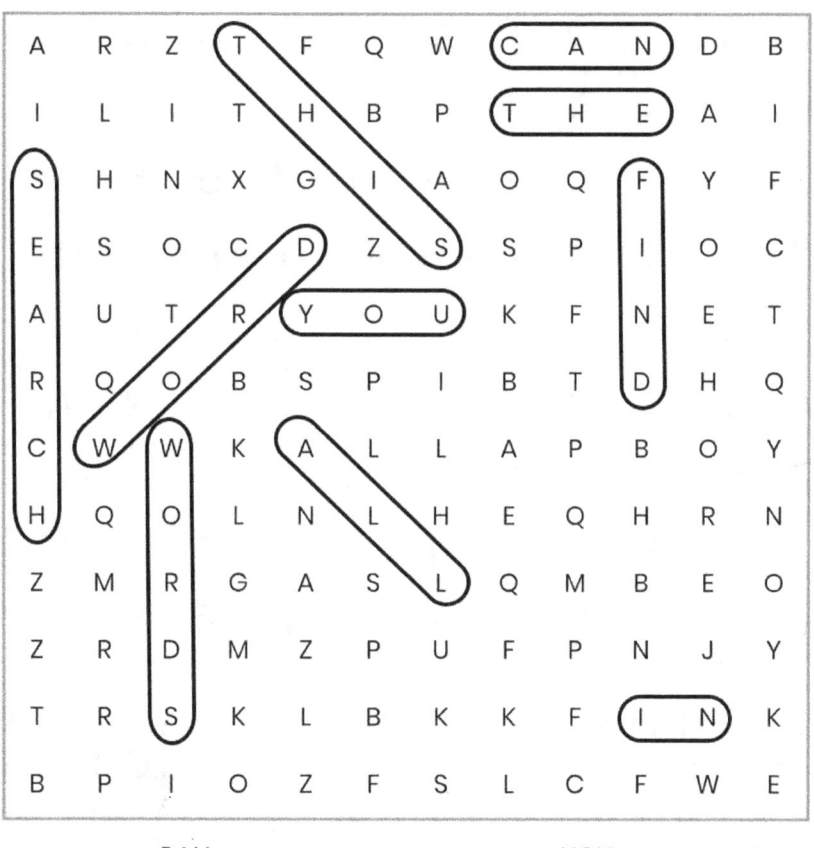

CAN	YOU
FIND	ALL
THE	WORDS
IN	THIS
WORD	SEARCH

Ocean Animals

Can You Find All The Words?

```
V P J E L L Y F I S H O G O I D
U F C B T B C L O W N F I S H O
F Y K O G B P F S W E F N K L R
S W M R O W Q B K P X A S N U F
C W W I A P A D W M R E X L K
U A X E O H Z U M L A P Q J E H
E N J X Y W S Y N L O Y D L H G
O Q O C T O P U S N S B T N H D
H Z M A N A T E E E B R S F P H
V K T W H A L E A Y U K D T S R
K W P U X H E H Q T P O I I E U
L Q Y M K J O C A R L I F F G R
L T A Y Q R C E I P K R A C M S
O B Z N S G S Y H J A T Z D F G
B G L E T Z Q I X T T G X D O X
X R V B T O N B S E S X W V F Q
```

CLOWNFISH
JELLYFISH
MANATEE
SEA TURTLE
SEAL
STARFISH

DOLPHIN
LOBSTER
OCTOPUS
SEAHORSE
SHARK
WHALE

Magic

Can You Find All The Words?

```
K B M W R Y W M W J O C V N Y I
K Q U A Q G M Y S T I C J Z Y S
C W A N G L S O X O M O T O O V
U L X L R I W O S Q K W Q G Q Z
T L K V C Z C P R R B H P K Y G
N E I L P H E I H C F O Z R K D
E P D P J J E R A Q E Z M P A D
M S B S V X T M U N Q R Y Y W R
T H Y O I N R J Y J A I Y V O A
N I L L U S I O N H N O W B F Z
A D V N P D R Q C N P O N A V I
H Z K D Y V S Y O M C B C N W
C T P Q Z P G I F I E I S H J D
N T R N E P T M N Q C I D P H C
E M S I W O O O V J F T I I F M
J O F W P R E O E G W M H J P U
```

ALCHEMY
CONJURE
ILLUSION
MYSTIC
SORCERY
WAND

CHARM
ENCHANTMENT
MAGICIAN
POTION
SPELL
WIZARD

Dragons

Can You Find All The Words?

```
G P M S W Z A D N E Y R H B W A
U L W J F Y Q C J X R N G N F V
M G T L T E Z F E R A Y V K R R
A F M E H R D R C V O E M J D V
V H E H G U I I Q Q R K M S B I
L B Z Z I S W E S G N I W S H U
G P R T L A X P S E L A C S C X
Z V E E F E Z C O M L F V D O S
R L D D A R F D P A D A G G N L
L F T S L T U I T I T N Y C H Q
C S L A P A H H R G L T H G G T
C I T D O L F E G E O A C J T J
Q V G Z P Y Y E P I J S A S A Z
I M S A S P J R J G Y Y F X I R
F C R V M K R G L E G E N D L R
C A L E X P G R M Y T H I C A L
```

BREATH
FIRE
LEGEND
MYTHICAL
SCALES
TREASURE

FANTASY
FLIGHT
MAGIC
ROAR
TAIL
WINGS

Food

Can You Find All The Words?

```
S S Z Y R P C E U B L P F F K I
I Z G B U N B Y K L Z R B Y X J
I O M S E K A C N A P Z E S U F
G I X P A S T A X H S U P V K S
E V E E B P Q J N A P J G Y A N
F R L P J R G X L H Z O R N E U
S W R T Z H O A C W V R D D T J
T S D R F E D T S S U W P F S A
I X Q W T M T G O C I A I U K T
R B M G B H R C B C K N S Q H F
F J N U C S A E H S H G H E B Z
R Y S H Z T O V G P S Y U X O P
Y X F U U Y Y U J R P I Z Z A J
O W E W S B C Z P P U L J L Y T
Q R Z R Z H M Y X G O B B N F B
E J Z D B S I R W P T W S L A R
```

BURGER
PANCAKES
PIZZA
SANDWICH
STEAK
SUSHI

CURRY
PASTA
SALAD
SOUP
STIR FRY
TACOS

Haunted House

Can You Find All The Words?

```
Z X A L C E V U S D B Q O Y Y A
C R D M T S G C P K A S N M D I
E A C K W X B R R H E O F K T X
J K H C E H W E E E A L K I Y P
O D B L T Z O S W T A N E P L N
G G N G J T A E T B S K T T P J
O H H R L I N L P H O N Y O O M
R O V S C A S C C A C C O W M N
Q S H B Z N A T T W H D B M U H
P T E Y N Z I Y K O O P S D G V
X P I R P W M S R R Y W E H Q Z
W A R M I E F D V O B Q H P L T
A J L S I P E C R J O Y W G C Q
N W X V A U M R W H O R C W P V
J T C A S S J A C G I C C Z I R
P X Z K B R J M V L U O H G I K
```

BOO
CREAKY
GHOST
MONSTER
SKELETON
VAMPIRE

COBWEBS
CREEPY
GHOUL
PHANTOM
SPOOKY
WITCH

Time Travel

Can You Find All The Words?

```
J Y K U X V Z N T Z L V Q G S F
L I E U A U J W D A P S H G B S
S O J L L T S E R I A V T U H A
L H Y F O G L O N Q T U F Q Q C
E S S B X H P A A I G Z Y R Y Y
R R T X Z M M S U U L Q S S Y O
U V F I E N U R O X F E A V B G
T M I T W Z M E O T O S M F C C
U U R J N J S D S W D L P I N G
F U U X O X A A F Q T U N W T C
Z N C P C R P T Q U A N T U M L
H I C C A D I M E N S I O N N H
S T J P W U L G N N D P Q Q I W
P N L X M N O P A R A L L E L N
I O F U B V P D R O M W X N E I
H C E T A N R E T L A A F I I X
```

ALTERNATE
DIMENSION
PARADOX
PAST
RIFT
TIMELINE

CONTINUUM
FUTURE
PARALLEL
QUANTUM
TEMPORAL
WORMHOLE

Office

Can You Find All The Words?

```
A I T B Z W X U O H S B I Z P O
O R E L P A T S X D E P I Y R G
X H J K J Q C D I N W H C I P P
T R W N C P Q E N Z O V N A N O
Z J F Q O M S N L C H D X L T R
K Q M O M K W E D Z P I E E E V
E U R B P F J P T Z Q P P N R G
Y H P I U I B C E I W B N D N O
B C R H T L U M J N C W L A Q L
O P E S E E A M C B Y W G R S C
A H P M R K O S L M D R L X A K
R I A G Q A W W P K E I M R Q P
D O P V S S S F X H N A T F E Q
E U R O T I N O M J N H R V L Y
G P V G B D U P Z D N C Z G T X
H T K M M O S H H U D K L S Y E
```

CALENDAR
COMPUTER
FILE
MONITOR
PEN
PRINTER

CHAIR
DESK
KEYBOARD
PAPER
PHONE
STAPLER

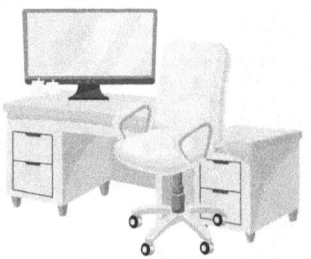

7

Planets

Can You Find All The Words?

```
H X G T R V D E V H Z V F N Y N
R K E R E B A I Q V Z W M E G X
T O R U S I U P H J E N J Z N N
I U G E T L A A U T R V R H Q H
U R W Y T S X B R M R A T M M R
A J D Q Q U N A W A A N R A R A
A G O G D Q P N K D V Z E C U M
X F P M S H Y U E T Z C Q T H N
Q S T Y A H V B J V V V Z G G J
Q Z C S D R Q R D X L U T Q S N
B M Y N A W S M E R C U R Y S Y
H W R E U T D T H S U N A R U A
L T J Q G U U D J N I K T W M F
O R V P T D Z R F F G P X B C X
A M D S B R B I N F Z V X S I X
R J M N R M X O N E P T U N E E
```

EARTH
MARS
NEPTUNE
URANUS

JUPITER
MERCURY
SATURN
VENUS

Inventors

Can You Find All The Words?

```
K Q F R A N K L I N F I N D E R
G R T O J U M L X C O E X G O E
R F A K E R U E N O S I D E W D
A D W G O O K W O S N P T R H N
H F S Q X Y Z A M E X N J B I O
A X K G S M M T B I C S W F T W
M X V A S X X T J O R W A D N T
G V B Z F M D W A X W U Z T E H
E B O E W J J H Y D I N O W Y G
N K V P G G Y I L G A A U G W I
I R S M W S A Z H L I Y P Q I R
U M L F O R D F O U N D E R Z W
S B Z I N W U Z N K L M L Y A Y
O R T S E A M I N O C R A M R Y
Q B E L L B R A I N W A V E D J
E X U C U R I E C R E A T O R G
```

BELL BRAINWAVE
EDISON EUREKA
FRANKLIN FINDER
MARCONI MAESTRO
WHITNEY WIZARD

CURIE CREATOR
FORD FOUNDER
GRAHAM GENIUS
WATT WHIZ
WRIGHT WONDER

Wizards

Can You Find All The Words?

```
W O C I W L X X W L W M C D V H
H B F D S V K N Q A C C Y W I A
D T F Q C A H Y N Y A P F V P C
B N A M I A P D S S W M Y E W Y
Y E M A K F U P F O O G U Y E M
O M I G Y W D L R P R J O E D I
E T L I Z F G U D E Q C V J N A
W N I C W D C G S R N X E C P M
T A A D I J S B P G O T A R D Z
S H R H Z A T B E B Y N I X E O
V C J P A X A A L N T B Z C O R
U N H I R O F I L A C U K M E P
Z E D N D W F Y T G N O I T O P
Q C M M R U D I T D W J K V D X
U B V Z Y P O X B R N D H N Z D
V L W Z L N X R X Z U O G I P A
```

APPRENTICE
ENCHANTMENT
INCANTATION
POTION
SPELL
WAND

CAULDRON
FAMILIAR
MAGIC
SORCERER
STAFF
WIZARDRY

Volcanoes

Can You Find All The Words?

```
H T M C G R J J E Y I R G I W U
N V I M V P C K A Y E J N J J N
V P O E A A Y Q I T V L T C C U
B C N L L N H R A E Y Y O C K A
M T S D C L K R O G X Z S Q D M
P O E Z W A C B Z C P Y S B B G
M R T W P T N Y E H L I W Q W A
A I D O M E B I L M U A L Z M
L B A E M N V W C G U W S N Y U
K J M C P J U K A S H L W T I Q
J Y E T L P V X C X G V P G I Y
R C Y Q E J E R U P T I O N B C
W P X D W P Q W F K S F E V A C
W L M W Y O H A A L W X M Z V G
T I U K N H V R S H I X L Z A K
F L W F A E F S A N D B L J L W
```

ASH
CRATER
ERUPTION
MAGMA
PYROCLASTIC
VENT

CALDERA
DOME
LAVA
PLUME
TEPHRA
VOLCANIC

Sports Equipment

Can You Find All The Words?

```
T G O G G L E S Q V X O F G A A
B I J P P B P R V M G Z I G S Y
Z T E N I E P Y J Z Q H B M I O
J T A B E G S P I K E D V A K H
L O F F Y U R C L K S H Y L R
S M D T C Z G C A L T L X A B L
M E K A E A U C F Q U R W K S R
C E V O N M F L F K F B W U Z T
C O A O J K L A X X U X B H U W
B K F S L P C E T H W N R L H S
J J L T B G C U H E Y J V B T Y
R N Y E F S I J P F K K W K X P
A R A N J J V G K C B C O X P K
Z M N J Q K T D T Q P R A E U X
W N R W U V D V L I H T Q R X Q
U A V H K P N O P O O H G G I C
```

BALL
BEAM
GLOVES
HELMET
NET
RACKET

BAT
CLUB
GOGGLES
HOOP
PUCK
SPIKE

Astronomy

Can You Find All The Words?

```
C O N S T E L L A T I O N K I D
B K N G P T Q H G C X H Q X G C
P E L U F G P O Y C T O R N H Y
E J S M W F F W T E M W K O X W
O P Q R Q G H G C H R Q N A I H
V L O N E N E A O O G O L A N N
C M E C R V P E E Y R A A Q Q R
L O N B S S I T C B G D S N V C
D C M E H E E N I L E Q E J T W
R K W E Y M L T U T I D J U E P
Q Y T B T K R E F I Z P Y F N P
A Z A U P J H Y T W X N S R A B
P T C I C H O J W L Q X A E L B
G P A S T R O N A U T T G X P W
L V O W Q I U R C B S S O W K P
A G S W Q C P S V F A U Z R R S
```

ASTRONAUT
CONSTELLATION
GALAXY
ORBIT
SPACE
TELESCOPE

COMET
ECLIPSE
METEOR
PLANET
STAR
UNIVERSE

Chess

Can You Find All The Words?

```
E M G Y U C U K F A F O Q R B H
B P R Y L J A M N O O P P W S I
N H K K A W Z P D P V B L Z C I
L I Z I B G E F T C P C X E O J
M N V C N L M L V U P A W A M R
I F M L T G B Y D P R C W W R G
S A E S G D B P X Z I E A N F S
Y N A T B F P O H S I B U W V I
V C L L A U C H J D B O A R D S
T Z V K G M Y G E T A R T S C E
R H E U E N K W J Z Q U E E N J
D F G Y W E K C J Z T B F S G I
F S M I K N C O E C D V P Y X K
Y A M K N W G C O H R C A G Y L
P F P K S K M B I R C S A W I W
T N E M A N R U O T G U Z U P J
```

BISHOP
CAPTURE
CHECKMATE
KNIGHT
QUEEN
STRATEGY

BOARD
CASTLE
KING
PAWN
ROOK
TOURNAMENT

14

Rainforest Animals

Can You Find All The Words?

R	X	W	R	F	N	K	N	L	Z	W	K	K	X	Z
R	A	S	R	B	D	E	E	X	U	V	T	F	Q	T
O	K	A	Z	I	Z	A	R	N	I	U	A	Y	O	F
L	L	O	T	M	P	B	N	B	T	J	A	G	U	A	R
L	U	P	H	C	G	A	C	T	I	W	R	T	W	Q
I	S	O	Z	J	D	S	T	I	E	H	I	F	V	O	P
D	E	B	U	F	O	N	D	A	E	A	P	S	Z	Y	B
A	G	T	O	D	Q	M	N	D	D	Y	T	N	Z	G	Z
M	I	P	A	K	O	A	S	Y	J	J	W	E	N	H	U
R	C	V	N	Z	C	U	L	N	Z	V	A	E	R	F	F
A	Y	D	P	O	P	X	O	N	Y	X	C	B	X	L	R
N	K	M	N	M	S	U	T	T	A	A	A	L	B	L	P
O	M	D	L	G	H	Q	H	P	V	C	M	R	O	C	V
Q	A	T	O	R	R	A	P	B	X	R	U	I	V	K	J
B	E	N	A	T	U	G	N	A	R	O	Z	O	V	G	C
A	A	Q	L	T	Q	S	T	O	L	E	C	O	T	I	R

ANACONDA　　　　　　　　　　ANTEATER
ARMADILLO　　　　　　　　　 JAGUAR
MACAW　　　　　　　　　　　 OCELOT
OKAPI　　　　　　　　　　　　ORANGUTAN
PARROT　　　　　　　　　　　 SLOTH
TAPIR　　　　　　　　　　　　TOUCAN

Months

Can You Find All The Words?

```
J F H O L F R E B M E C E D O P
J D A U D N Y X R J A N U A R Y
Q T J C W Y L P K U T Y U Y E Q
Z B W D D T U B W Z I O R T L B
P R B M Q M J G J A V A S Z M L
L B A C L A I E T H U U B E Y D
R Y R R O R S U Q R G U Z Z N X
B N E E R C I I B U E I V M M Y
O D B B U S T E A Y I L L T Y G
J N M M G F F O M Y P C T V E B
K C E E K T R N B A D G X U E V
I A T V Q Z L A B E R J U N E R
F J P O L F H B N O R C Z O B B
D P E N Q V H E A T R L H Q I T
T V S E X Y E J Z C L I R P A E
U Y D Z N K V V T X P X B Y B H
```

APRIL
DECEMBER
JANUARY
JUNE
MAY
OCTOBER

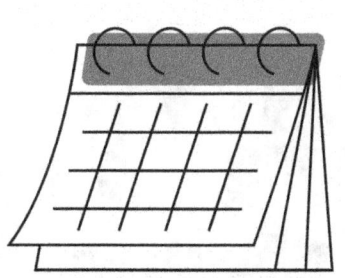

AUGUST
FEBRUARY
JULY
MARCH
NOVEMBER
SEPTEMBER

Engineering

Can You Find All The Words?

```
I P S B X Y M Z Q M B T G Q N M
N M K T H P J Y C G Q E E S S E
N E K P N N G H I N V E N T T V
O C L I G I Y C K Q U J Q S N E
V H D C N A R Z T K E B F N E R
A A J T D R D P R T S F D A M W
T N H C S Z E G E G M Y E I I Z
I I R U L R O T E U M F S D R U
O S W R V Q G D A T L O I T E C
N M A T P U Z Z L E D B G Z P Q
H J I S P X P G M R R M N B X E
E R W N P V P H L L O C U K E X
P P B O P Q U H T D J I A B H O
N N Q C U D A V E X L K G L S U
Y Y X O W X P L H D X J O G C X
M S E M X D X C O W F V N Q U L
```

BLUEPRINT
CONSTRUCT
DESIGN
GADGET
INVENT
MODEL

BUILD
CREATE
EXPERIMENT
INNOVATION
MECHANISM
PUZZLE

Olympics

Can You Find All The Words?

```
H R M T F A L T U D K P K A L B
Q B W F P I F F G W R E D U K F
R M H D L F E V V Z T W Z M T C
X C U U A K A I P E O Q W H W O
Z Z L I H X C C L V R N N C V M
D C G I D T U H A D E Y S R M P
L J I O O O T Q H U C U L O W E
X J M R F A P C T Z O T N T H T
U W Y J L A C P N H R G V P W I
A Y A L E R R I E I D O K H M T
S H T U Z C D I V U S L U M U I
X T M E D A L R E A L D T Y I O
C M B A F I R X G B X X U T D N
A J Y A G N P Q W O V T Y R A A
Q C E R E M O N Y J W X N X T V
L B U M K R Y F Q C E M O L S J
```

ATHLETE
COMPETITION
GOLD
PODIUM
RELAY
TORCH

CEREMONY
EVENT
MEDAL
RECORDS
STADIUM
VICTORY

Colors

Can You Find All The Words?

```
F V Y K N P W H I T E N B F X S
X N E J V B T G S M Z Q Q Y R N
X R J F C L L H P B O A I K C K
H Z G Y A U O U N P M Q Y C C H
S F D A H P K N E P D I X M Y L
X B E R F V S P N W O R B V A S
K B R G T N T P M E Y D N B N O
I F Y E D L U P G R L H R U T Z
C V K Y O R I N N D A G K V P W
D H A E P N A L L A E J V N N H
Y P H L K R K Q M G P N M E L Z
H D E L O S C I X M O N E X E L
J L V O R B A A T J S R X B J F
S E M W Y N L B H M G S I Y C H
E D R N F K B T J E Y O K G Y V
C D N S Y Z C E A H N S V N C W
```

BLACK
BROWN
GRAY
ORANGE
PURPLE
WHITE

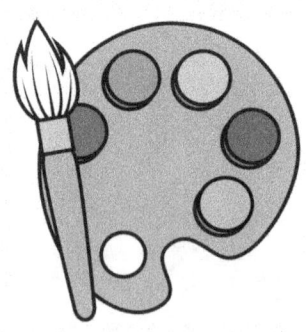

BLUE
CYAN
GREEN
PINK
RED
YELLOW

Religion

Can You Find All The Words?

```
J R G M S B W Z L V E I F W Q X
H I L W S G M S I H D D U B N U
G S D Q H I Q T S B U X M Z M U
Y S D W U Q H F W S Z B O O T Z
Y C X W G P W K E J L V G C K H
L R U H K L L S I I X N J B H I
D X D T K M J Y A S L J C I T N
L P I H S R O W O C Z E J S I D
M G P I S L A M P X R A B H A U
M N S B M I C R L K I E T G F I
S H C P H X A H N J X D F S S
I V G P V Y R I I N H S H U R M
A P R S E K F S G B H I O B A Y
D Q T R E Z M V Y H L P X O Q L
U W Y T I N A I T S I R H C X E
J M K U N Z T X G A B N K Z Y T
```

BELIEF
CHRISTIANITY
HINDUISM
JAINISM
PRAYER
SIKHISM

BUDDHISM
FAITH
ISLAM
JUDAISM
SACRED
WORSHIP

Weather

Can You Find All The Words?

```
Z I S Z O O W V F K A A O N W W
F Y K T J S Y E S G O Y J I P L
W W J O O E O J A P A J N G Y D
H O G V I R J K U K A D Z I H H
J N N E V W M E Q M M V S Y A Q
P S L R Z T K Y H X R H U J E R
X H P C Y C A I K Y R K N N V S
A G A A T X N A X B D H N G M W
E Y T S I M U I V I W U Y F N K
D H A T Y Z A H H B I R O V K I
A Y J M B F W C H U N J D L S S
R P W Q O V B K D L D Y Z L C Y
B X A G Y U E F D Z Y F O R M I
J H G Q K L Y R E W O H S Z K I
B Y L A T H U N D E R S T O R M
V C Z T R E X U G L N D A D Z X
```

CLOUDY
HAZY
OVERCAST
SHOWERY
STORMY
THUNDERSTORM

FOGGY
MISTY
RAINY
SNOWY
SUNNY
WINDY

21

Soccer

Can You Find All The Words?

```
Q A W H F P K R E L Y X J S G
B O D D W K I L Z U P M Q G P Z
K G E H F G L P T S U A A Y E M
V O Q H G L A B L A C P Z E L T
L A F A A V X P H Y C T W Y T L
N L M B U N D R P K S B A Y
P K U I M E D H U G I V L F Z Z
H E I M A T C H M X T W O E Q A
V E D I G K I Q W C C M N O H B
W P A I U W J Z O L H T L A O G
F E T R Q T H R E F H Y X H M P
K R S H E S N N U A I V I L I N
R E F E R E E Q U J D M Q S C Y
N C T K R R F X M E G V J Q I E
H H E A D E R J P E N A L T Y E
A S C W H R A B F K Q U J R G W
```

BALL
GOAL
HEADER
PENALTY
REFEREE
TACKLE

CORNER
GOALKEEPER
MATCH
PITCH
STADIUM
TEAM

Recycling

Can You Find All The Words?

```
Z S U S T A I N A B I L I T Y K
R S I W R V K T E U Q S N T J Z
Z L T C V R E S O U R C E S H E
H B N O E P B W A S T E R Y O A
X X E N T N R H C D O Q T B D T
G J M S L S A G G J R W E F D G
B Z N E Y A O Z I W I J S J Z L
D Y O R M G N P H L L N U U A C
Y P R V T A Z D M U K Q E A C J
H R I A T N T U F O B P R G I Q
B E V T E E M E B I C E R J T Y
T D N I I E A Q R Y L V U C S Y
A U E O K R G L W I E L L U A G
X C P N N G M E I T A E K S L I
E E H C T G V Y W I Z L O B P P
Z M S L Q T L E B R N W S X I Q
```

COMPOST
ENVIRONMENT
LANDFILL
PLASTIC
RESOURCES
SUSTAINABILITY

CONSERVATION
GREEN
MATERIALS
REDUCE
REUSE
WASTE

Vegetables

Can You Find All The Words?

```
T B X T A G P C Q I I N N V T X
Q Q J X M R T N A V D R I R A D
K A K Y T U E Y I R G D A M C B
I X O P W L J W N K R M Y O H O
E R L P J E T P O Q P O F M C T
N X A Q D D B B O L T M T Z A A
H L N D D R N R J T F T U H N T
I L Q A I F B O V S A I M P I O
X N E P U S Q C I C H M L Z P P
Z N I T C N H C Y N J L O U S U
W O K H T T Y O A D O T R T A E
Y U H L C U W L A Z Y I U R J C
U S T N J C C I I E W N Y T V Y
L B Z R J A U E T J M L V R L Y
Q F E I M G A Z C L V A F F P J
F D N S O C U C U M B E R P T R
```

BROCCOLI
CAULIFLOWER
LETTUCE
POTATO
RADISH
TOMATO

CARROT
CUCUMBER
ONION
PUMPKIN
SPINACH
ZUCCHINI

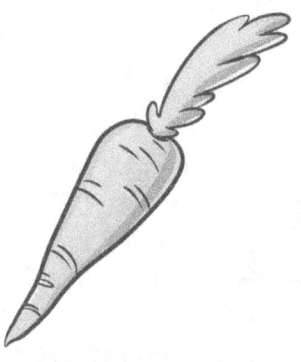

Roman Gods

Can You Find All The Words?

```
R A V R E N I M C Y F E Z U I G
A P O L L O W L S Z S I W B W F
X R P L U T O A K N I J B R I Z
F T Z Y L D T M A N A I D J F Z
N L X E N U E Q G V Q D U S Q K
H X N F R K M O T E A P D R R C
W T Y N T X S N T G I Y N U X B
R Q M W U L J U I T P E N S F V
Y W A P X C D J E G P K U M N C
B F R M S C E R I T V N G O A U
F H S V W Y G K U Y E D N I C W
Q V C I T P B N Y V T D X G L A
V K X V D L E T G U S B N J U N
Z L M E R C U R Y D H E A U V F
B G U E Y W R C A L K X P H Z
A M Q C C E W H K K T F H L N K
```

APOLLO
JUNO
MARS
MINERVA
PLUTO
VENUS

DIANA
JUPITER
MERCURY
NEPTUNE
SATURN
VULCAN

25

Technology

Can You Find All The Words?

```
J U U L F E H R A S U F M N S P D O
Y J A S O F T W A R E W W S W U E C
O C N E R E T U P M O C C Q W F F H
T A X R H B U H B G L L A X T G J R
G D M T Y M R T A X Y N P E F N E H
J C N T G C U S S J H E N A P I L Q
V V H F Z Y Y K C Z Z R H G O M W N
K A A L K A Q B F Y E A W Z S M Q O
Q G R B M E X N E T W O R K Z A U I
V A D M I N C D N R Z K U D Y R J T
C D W F Q O L I A Z S R P J K G G A
R G A M M H F N U W C E K P J O T V
M E R F Y P W K M A L F C E Y R A O
C T E H B T S U D I O O H U J P I N
P S L T O R F A A M U A V J R A A N
N K Q O T A V A T I D L X C V I S I
E Y Z S M M S J A I O P N M T M T Z
W I E O Q S I B Y A K O T D P B Y Y
```

CLOUD
CYBERSECURITY
GADGETS
INNOVATION
NETWORK
SMARTPHONE

COMPUTER
DATA
HARDWARE
INTERNET
PROGRAMMING
SOFTWARE

Fruits

Can You Find All The Words?

```
E A A E B D R Q H M J W W M C H W A
L L G N G T H G K Q A L X V E W D I
O E L D A N H D V B G Z O D X T O N
T U M P B N A F C W E H X C V W G O
O C F Y K X A R N I V P F D Y U E L
G Y G P O E Z B O J B X S P Q W A E
G Q E H R N Q O V U S E S W C P W M
X A Y I C S L K C O G N A M P N R R
R Z R M G A I L C S K V Y L I K H E
L I L X T W E T V B T R E G C S E T
Y D Q P I D Q P N T R L K R T L W A
G I L K B P U B P E G F X A P U E W
V E B I P Y Z N H Y W K Z P P Q L N
P P L O W X O C Z U K G A E C P M X
Y R R E B W A R T S H E F S N Q D Z
V D N Z Q I O S I V N I M N W O D
T U T C P R D N R I P R K J R O E K
Z D J V Z C T E P I N V A J O V N B
```

APPLE
CHERRY
KIWI
ORANGE
PEAR
STRAWBERRY

BANANA
GRAPES
MANGO
PEACH
PINEAPPLE
WATERMELON

Fantasy

Can You Find All The Words?

```
X Z J V R O Y U P E L A T Y R I A F
M S X P B W T N E M T N A H C N E A
O F S J A I O G Y J W I T U F N W R
S P N E U C C W N J I M A G M W B
I C O J C U I Z A G S M E R M A I D
M G G T U N N B I C A Z Q P D S I M
L T A Q L A I I J H D K I D B W K M
E C R M K I T R C U L X X U U N T D
B C D G R H Q X P O I A K P I L H K
L Y K B N I E L M E R M L G R W J M
M H C J U G K I Q E N H D U Z Y G
Q X G W C X A E A W V T R Q L C N T
B A M O G G J X P Q A X S O F R C
J Z M U O A B T U J Z A T B Y S S Z
M A C B E R F J D I N J R C S L C H
F E L T S A C J W V C R J G Q E T T
P Y A Y E L F S E J A Y U B E R A O
Z H V D Q Y C H E R U T N E V D A T
```

ADVENTURE
DRAGON
ENCHANTMENT
KNIGHT
PIXIE
UNICORN

CASTLE
ELF
FAIRY TALE
MERMAID
PRINCESS
WIZARD

28

Languages

Can You Find All The Words?

```
T E I P S K J N I R A D N A M H M M
U O H V O F V J T D H F I N A X V J
J Y I M M R W P C Z P S A Z X Y D C
J I I N E S T I G V D I I X P Y M R
N L D O A S B U A A S U Z L H D E F
S A J F U A E H G S O N C S G B F G
K G A J R H D D U U A O I N P N U E
X N P A Y Q F R R V E N Z R B E E O
Y E A S U K L R K F A S M B Q Z A A
F B N H N Q D Z E P H Y E D J L Z J
D V E N A P U S S I I F H F P Y Q L
B Q S I I T C H S F N Q O C Q Y Q E
D O E Q L S K Y P D D R M L N R F S
M I N Y A W M S A I I Z L P P E C J
B M T A T H U O V P H I E Q R M R C
D T V U I O H H X D W R D L S U U F
C K P H X X I G E R M A N A A Q W Q F
K S B N M K N I R Q B G S C D N O Q
```

ARABIC
ENGLISH
GERMAN
ITALIAN
MANDARIN
RUSSIAN

BENGALI
FRENCH
HINDI
JAPANESE
PORTUGUESE
SPANISH

Garden

Can You Find All The Words?

```
O H D L R X B M G P U I N S Y R D O
V A J W C X R N F Z D P I L T B R D
O C T G H N I X C J W L F Y K E R D
R P S P N N J S X L R R R T K S W U
R V F U E O O W Y I E O U B R Y X E
M A Q D T B M L B T I V J E C R Q S
M Z R F A L I E T W V L W P N W A U
Z A E Y O O Y U S J M O O L M A J O
G K S C S Y B M S D L G E A E T R H
T J H X A S R T U F E K D N L E Q D
T B F N D O P H F I Z E J T X R G R
E Y M X W C Y G Z F W Q S S L I J I
R B R E M O A I A K Z B A D A N F B
J Y U L H A E L W D K F A X D G A K
L P R H C Y P N E X B X H Y Y C W U
W X A Y X Z F U B Y B C J Y B A W U
X U Z R E V J S H R O A Y L U N X B
I P H E C I D Q R M O Z Z P G R D T
```

BIRDHOUSE
FLOWERS
GNOME
PLANTS
SOIL
WATERING CAN

BUTTERFLY
GARDENING
LADYBUG
SEEDS
SUNLIGHT
WORM

Games

Can You Find All The Words?

```
N U I B V F P D J T K S S V N D J G
E V I M L B P Y C U J V W A E H Q U
Y L I V M U I I G I M T L D O P Y K
S Z J B S H J U G W J P F Y H F T E
R B D O L O P O C R A M R Q F E T E
I E N O D T R D H V J W U O A I G S
A G P O O J Q F H Y J L V J P N Y D
H E S B R O C Y K D L J C O H E T N
C I R P K I C K B A L L K O O U M A
L A E W N T R T B B Y J P T G S Y E
A J D V A O O E T X L S A O Y O U D
C R R G Y T G K M A C T F D V H M I
I T O N L D K M T O O W L D Y K B H
S G V O O R J C T P A V D T N C C X
U L E D V N M C T R S A M E F V Y U
M M R W O F H O M N Z F X Y O I E J
S C Q T L Z H P S Y A S N O M I S U
F W T V N B X O K U X R V S Y H T C
```

DODGEBALL
HOPSCOTCH
JUMP ROPE
MARCO POLO
RED ROVER
TAG

HIDE AND SEEK
HOT POTATO
KICKBALL
MUSICAL CHAIRS
SIMON SAYS
TUG OF WAR

Fairy Tales

Can You Find All The Words?

```
T N E M T N A H C N E P T F Z A O Y
Y I L Z M H S R F D W Y M A M Z L L
U N I Y O N J B Z J C P S I H M Y J
G Y J U D J F I A M R P R R W C O L
C O G K G S O G I T S C I Y I I W Z
W Z X K N D K F X E F P I X O S I K
K O S N I X W Q P N L B U G I Z P T
J N D D K F X I Z I E T P Z A E T S
C S R H K R T G F P A S S Q T M G Z
S W A U N I C O R N J Y W A U B F Z
S Q Z B O K N I G H T N D Y C C Q P
G H I B W T D Y H T Q R T J E W R O
B J W Z K J X H K A N G G L I S R
A N Q P K S C X Q G J M M A N K B N
X U J P Z Y Y J O X S X D C L V B Z
L W A V O E Z N N X G D E C K O C P
E R U T N E V D A K Y S Q K F A A A
D Q Q Q M E D E P K S M R A F M S X
```

ADVENTURE
DRAGON
FAIRY
KNIGHT
PIXIE
UNICORN

CASTLE
ENCHANTMENT
KINGDOM
MAGIC
PRINCESS
WIZARD

Politics

Can You Find All The Words?

M	J	E	N	P	U	M	R	I	T	T	W	G	R	N	R	U	P
T	I	H	D	I	W	Q	V	P	B	K	C	S	U	W	Y	B	Y
M	V	U	G	S	D	W	D	R	U	O	T	N	L	F	Y	J	S
V	K	K	O	N	J	Z	U	K	U	Y	I	O	E	G	P	C	Q
L	D	V	F	U	W	C	O	N	R	X	B	I	S	D	I	B	J
C	X	W	R	I	G	H	T	S	O	O	X	T	M	J	H	N
F	F	P	U	B	V	R	L	M	R	N	R	C	A	B	S	G	C
F	Y	M	T	B	Y	G	L	A	W	S	D	E	W	Q	R	O	I
Q	A	C	F	F	K	R	Z	V	A	O	I	L	H	T	E	V	T
K	Q	I	A	I	A	P	R	E	S	I	D	E	N	T	D	E	I
I	G	C	R	R	R	I	E	Q	O	P	F	X	W	U	A	R	Z
N	O	N	Z	N	C	M	D	I	K	U	S	U	V	Z	E	N	E
L	Z	H	I	X	E	O	Z	G	O	Q	C	K	H	Y	L	M	N
T	O	J	D	T	M	S	M	K	S	T	Y	C	S	M	T	E	S
I	J	Y	I	N	O	A	S	E	B	C	M	W	T	Q	A	N	H
V	D	D	Y	G	M	V	M	D	D	R	A	N	M	P	Z	T	I
T	E	D	M	Y	X	B	Y	G	N	I	A	H	B	M	G	N	P
M	T	C	Q	S	A	Z	L	B	I	Y	L	K	S	E	I	H	R

CITIZENSHIP
DEMOCRACY
FAIRNESS
LAWS
PRESIDENT
RULES

COUNTRY
ELECTIONS
GOVERNMENT
LEADERSHIP
RIGHTS
VOTING

Pirates

Can You Find All The Words?

```
J X B D N N P R E E N A C C U B B Y
M Y G P D R O W S O R M A P B Y D Y
Y N L M I T Z X M M B M U R D C T Y
L U Y P K M W L Z D O G I R O C V D
P B I R M B E X I G N D N A L S I Q
X T X E S V B M T G H C B M J C X S
I D X O V C E I N I A T P A C Q N R
P J H D C R E W J B O H D C N F I Q
L Q L Z Y O Y H F R A P C S G R Y A
U K A C B X V K R S R N I E D K G U
N E P A Y B H A O D E L R H H T G W
D O W Q Q Z P B N D M U D A S X N M
E L Z D B O A U W I S C M N O O N C
R C M V H U V R M A A N T L I S Z N
M Y T K X U N S E N K P P G H Q G W
Y I L W A J C R N G N O O V N U V T
V B D C A T T O W I Q A F A C S M T
M D M R K O N J N P N V Q T R P F A
```

BUCCANEER
CAPTAIN
ISLAND
PARROT
RUM
SWORD

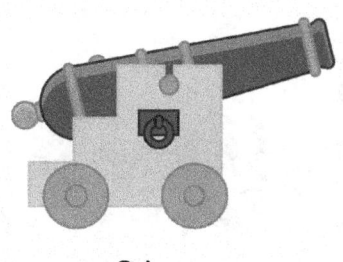

CANNON
CREW
MAP
PLUNDER
SHIP
TREASURE

34

Cars

Can You Find All The Words?

```
P S V S M T F K V G F A L J C B V G
L B V T M E O C K Q V B C Q E I P Y
O N F H C E J M K Y H E V N F W F R
E I A G M T G C F S V Q N W V H Z O
U L D I R V E B O E N M T I B P S T
D T G L K D A S H B O A R D G B F A
E Y D D P Y R I C K D T S S J N U R
C O G A G E C S M L F Q S E T O E E
G P M E V L Z J E W W V N I Z H L L
E O M H E L F I K G H W R V A Y C E
Z G R I R M H E O L E E N W P A U C
E L Q J E S J A R B E E J L C K A C
C P A F D U E Z P H L Z A F R N N A
X B R N L L H B V N N B L I S T Y Q
J I I W N K X P D Q Q B J Y X J T S
K W K I S T E E R I N G N G I W K R
D J H P G S E K A R B E R E L A X E
V A L Q V I O W N K E X H A U S T C
```

ACCELERATOR
DASHBOARD
EXHAUST
HEADLIGHTS
TIRE
WHEEL

BRAKES
ENGINE
GEAR
STEERING
VEHICLE
WINDSHIELD

Secret Codes

Can You Find All The Words?

```
B L N O I T U T I T S B U S B Q Z Z
K Q K R O W E E O Y I O U K A T T P
F J S W I K E Q U D L X U F B Q L D
T J D B E S Z U O L D N M N T W W P
A D Y G C X W Q Q T C R E H P I C J
X X J H N O I T I S O P S N A R T S
Z N O J P E M H T I R O G L A V S G
T N E M L A E C N O C M L H I D E C
A Y S E N N R F C O P Y H D S R F Z
K B A A Q O U G C Z M E Z T A Y P T
Z R I H C I I Z O F W R A K P S E X
G P O U P Q O T O T K C R E H P Y C
A A F S C A U B P V P Z R K I E I F
Q J R L V N O E E Y N Y E V C F R C
N Q V B R L W A R L R Y R P S N M Y
Z N O I T P Y R C N E C V C G F Q P
K N I E L B I S I V N I E E Y X I K
T Z C V X V D M W O J U O D C Z L K
```

ALGORITHM
CLUE
CRYPTOGRAPHY
DECRYPTION
INVISIBLE INK
SUBSTITUTION

CIPHER
CONCEALMENT
CYPHER
ENCRYPTION
KEY
TRANSPOSITION

Art

Can You Find All The Words?

```
P C E W S P M T V X K Z E P W W V M
D B R U S H F H O Z Q G F H I G R N
N W L W O F B Q S Z B R B P D A Y J
F T M S M F U C G H Z K T Z L D X I
W H B Q L W U N N S K E T C H R L V
P O N C U L I S W R P Y A D O Z A E
C W X P P W A S M E T R Z Z E V M V
G R Y T A V M S T I T T A J M A W H
C F U R N F Q M V I E H O K A L J W
P R D A P B E I S C X O K A F M Y W
E O C F U S T T S O J X E A U R G T
L Y E Q V A T W I L B Y Y E E C R K
J M K B E U E G F O L K S L O D N A
E S A R D P L B Y R Q U L I C B L J
G W C L Z K A L L S M A R X Q V T J
Y E A A F C P D Q I G A F D A D V D
J W Q U G N I T N I A P F M L H C A
B G V Y E B L O X A G G J G A F I D
```

ARTIST
CANVAS
CREATIVITY
GALLERY
PAINTING
SCULPTURE

BRUSH
COLOR
DRAWING
MUSEUM
PALETTE
SKETCH

Landmarks

Can You Find All The Words?

```
A J R O P U R Z M Q O Y R I F E X F
J R R J Y P I W O Q Y K E L X B J N
V J R E U G V M A K A U W P G W D M
Q B V H W P Y T C P B J O N U W Z J
Y S G M V S Z A F L R C T Y F L P B
H S D P F A S U J L I M O W A A Q I
P P K S P T X M B J D O Y R L I D O
L B F X L F S V V L G Q D A P K I T
B Z C E E V M A O H E E C U W U M X
S W R S Y S N U G T H E E O O M A U
K U Y K T X U A I T V D W U H S R H
O P V O G A G O A D A R C H W B Y O
H P X K U B T C H D A C K U S C P J
P R O E V V C U T T H T I X Q U R J
Z P M C T A O P E I H Z S X D U H U
I W T H T E I S E K Y G B F I Z Q L
J C Q M O N U M E N T G R N M W R
O B P F V U K D C H Z I S L C G Z I
```

ARCH
CASTLE
LIGHTHOUSE
PALACE
RUINS
STATUE

BRIDGE
CATHEDRAL
MONUMENT
PYRAMID
STADIUM
TOWER

Ice Cream

Can You Find All The Words?

```
A M L O I K G L O E C C I O B Z V S
G Q U U W U L I N O M E L Y W Y E O
R E F G D R H L Z B T F T J Y Z T R
P M Z Q E C V Y M X B Z H R P Q A A
R Q G H A L L O I X G Q R Y E S L N
K D Z T U V B Y N Q H E R O P K O G
V X S R Y U G B T G B Z B X P C E
C I A D M R W P U E E T E C O O O S
P F K K Y G N O U B Z K N W W H M
O H I O F D D L W N R O T R Z W C Y
Z N B H C E B A C Y J L C V P T E H
Z V V A I P R I A I N P H A N Y Q J
O H M K H T R U R D Z O Z N D W F S
X Y O L S R J O A V S O R I X M L U
C O D X F K I Q M A A Q P L Q Z L J
C I C C J H S R E A O G L L E O Z X
U R U X H P Q U L J D T M A U B Z G
R T F P P T C J K N R X F R B C M L
```

BLUEBERRY
CARAMEL
COOKIE DOUGH
MINT
PISTACHIO
STRAWBERRY

BUBBLE GUM
CHOCOLATE
LEMON
ORANGE
RASPBERRY
VANILLA

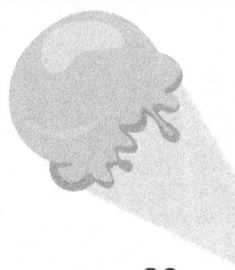

Science

Can You Find All The Words?

```
W G I K H Y P O T H E S I S K D I K
W U X Y O O B A E I Q A L U B J N V
R N X G N V L C P J N U I N Y M V K
E O A T A D E I G A D T P Z I A X R
L I C G T Q J U L F R X K D R V H M
K T Q I T I O Y H C Y S L I Y X V L
U A C K A V S R A O B T A R N L D N
A V T U T I P O X D F B E T A F O C
Z R A U S G M E Y D L V O B E I O W
G E Y F X E F H L E O I O X T N H W
M S G U C V H T S C Z R P A C C U L
K B M Z Z P S C S D A E V L R E D L
U O F M I V F I C T R R U A L U Q L
E Y Z K B X D R O I E S E K I V F D
W W W D P V D R M S I S D Z N O Y I
O B D I A B Y E B O E G M B U X L N
K L C T L G N O N R C J Y H H R F I
Q N W P D T F Z U M V M R C V D F H
```

ANALYSIS
DATA
EXPERIMENT
LABORATORY
OBSERVATION
THEORY

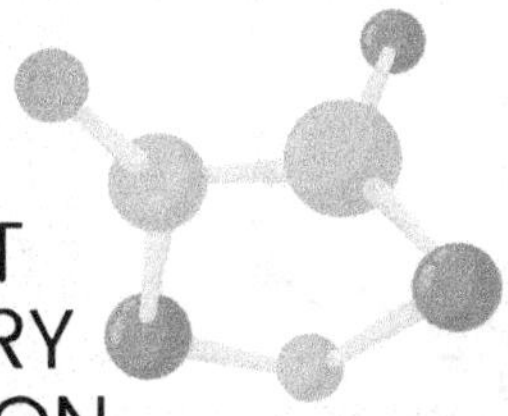

CONCLUSION
DISCOVERY
HYPOTHESIS
OBSERVATION
RESEARCH
VARIABLES

Computers

Can You Find All The Words?

```
Y I R T K U R G H I N S Z I V F Q A
V G P M A E Z P F B R V J Z E P H P
H E P X S H Z I N L O E L B E J S H
I R Q W T W R W X S T F W Z D O T A
X W O V L E O M E W I E R K F L B R
R R X P W X Z R J T N Z F T R B F D
B J L A Q K A I D M O Q W E F S O D
I K L E D W P R J C M A V I K J B R
R L L M D H S U Z I R V E X I K R I
C U X R I T Y U E E D G T Q E O N V
A I A O W B B C R P R E L Y S L T E
L H X H O U V X C I N C B S E H Z Z
R P U K W O D Z O R V O E Q S T Y H
C J F K Y W W L E N A C N G U Q R Z
Y C R M V C G T A R O X C P O Y O J
X G C I P B N D D R P P Q P M S M Z
H L B A N I M O P F K F D J N I E T
D W L Q O H K U W U G Q O W Q K M C
```

BROWSER
HARD DRIVE
INTERNET
MEMORY
MOUSE
SOFTWARE

FIREWALL
HARDWARE
KEYBOARD
MONITOR
PROCESSOR
VIRUS

Transportation

Can You Find All The Words?

```
Z U M C C H I F A I U O R T S I V P
N F S C O O T E R T O X C M U R S A
R L Z T B V H E L I C O P T E R T R
N T V E N A L P R I A C L Q S I W B
Y S K O K L N E N V Y E O U V Z T G
C L L K K F J I O A T S A J Q Y Z T
G X H L U T R I P J A C C L S L Q C
Z T E W A A N J L U J D O E N V J E
H J I X H I Z I T H H J B L G X L V
M Q I X A S L A Y H L U I C T C L T
Y B H R M A O R X S B T A Y G N T T
G A T J T B R L U I R R U C H N X K
P I D A Z E T B C P E L L R U A G T
K O U W F M W Y V D E Y R O U S J O
Z S U B Q A C E Q G A A B T R D S J
G E B Z Y L T R T M C K K O N U D G
U S R N E W K A C T Y E K M K C U O
R M Y S A S O N N Y F J U E P R M K
```

AIRPLANE   BICYCLE
BOAT   BUS
CAR   FERRY
HELICOPTER   MOTORCYCLE
SCOOTER   SUBWAY
TAXI   TRAIN

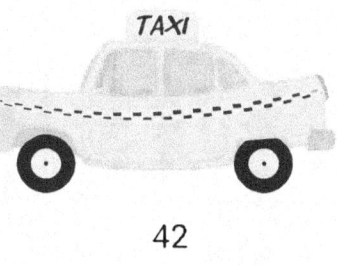

Sports

Can You Find All The Words?

```
S C E A C K G J L R X M M N W K Y F
R F C V Q N O X T S P N Z O S Y D V
A U R N X N L R H Y I W U C J F C X
D R I B Z B F U U F J N C X D N O Q
H M C A N B B G S U S Y N W P N X L
O X K S T N A B E V C V K E S N W L
I E E K G M M Y J L Y F P N T I B L
R V T E F V W J I R N D S B X H Q A
Y H S T M J X N N R M E U V O F J B
M P T B Q S G F G N I X O B N Z M Y
B T T A Y T X E G I C Q B T Y G K E
H H J L P V K M E G O H Q G Y X L L
Z S L L Y M H V I B K K G A A E L
V R D C Z J R E C C O S O H T E M O
O N G V H G Y M N A S T I C S T E V
Y G N I M M I W S A N Y M R K R Z D
Z A J V L X R L T A J Y N R M N W A
W B A S E B A L L M M I T D W B D F
```

BASEBALL
BOXING
CYCLING
GYMNASTICS
SOCCER
TENNIS

BASKETBALL
CRICKET
GOLF
RUGBY
SWIMMING
VOLLEYBALL

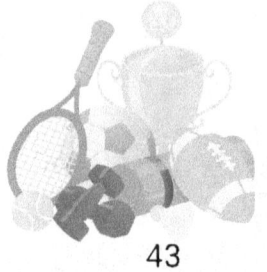

Books

Can You Find All The Words?

```
G N C B A T U R U J D E A U M P O V
B G A H G Q J W S O A L P T M V S J
K F N U S T O R Y Y U O P S O W I O
P T M H C P P I Y L T D P W J U T D
G R U D O D W Z H K H V R J I O W O
L C K T W G M H V F O V N S L P E E
P I H Y R A R B I L R E O P V N R F
V V C A Q X F A W I R K I A U I N A
R C S G P U Y M V U E E T S J A E J
Q H A N R T Z Z T E G Q C F S P G I
G A M L L X E N D A Q P I D J S Y O
G R T K I C E R P X C C F I V S S C
Y A G U X V T V U R T N N F X P C P
S C L M D V N P K I R Q O E Q J L V
B T J A R C C H O Q J H N O A L J J
Z E W A Z C X N S Q B N Y H M A B I
K R B Y U B R S Z F N O V E L A F K
F S X Z Q V J L F X O T G R R U N M
```

ADVENTURE
CHAPTER
FICTION
LIBRARY
NOVEL
PLOT

AUTHOR
CHARACTERS
GENRE
NONFICTION
PAGE
STORY

Time

Can You Find All The Words?

```
I I O W H R R G F S O N N I Q F Z M
S D T D E C A D E A V O S P O I I B
O I A E A J E T U N I M W K Q F N
K G I Y W W S Z Q R T W M M E K J T
V M F N M Z W I R R D E B I N I X Q
W P U S W J W B A D T R H H O R Q V
C Y K N Q I J E P Q Q W D S F U L H
F M Y O S P Y U H R Z U M O O O P A
T G T I S K H H O U R H G Q A R G V
Z W Y D N O C E S E N X X K J O K B
W O P U Q W Q F B L C E N T U R Y A
P C S R I C B D G X P D C N P M M O
N E K A M T L K V Y N Y J U O U Y O
G U C T U U F E M G J J B N Q D Z G
V E O I N R F E Q C A U T E A S M G
O I L O B E N W I I O H Z N S L G I
K U C N Z G N O E N O Z E M I T X M
K D B L A X E W W O G A M H F L R X
```

CENTURY
DAY
DURATION
MINUTE
SECOND
WEEK

CLOCK
DECADE
HOUR
MONTH
TIME ZONE
YEAR

Survival Skills

Can You Find All The Words?

```
N N O I T A G I V A N E W C T C X Y
N G N I Y T T O N K J Y K D S J V Y
R S B G W I F B A B V S N Y J L S U
F I R S T A I D F O R A G I N G C G
Q C Q R T U Q T S I G N A L L S V U
E E E M U F N J I Y D V F F P N L K
L G T N B N M N K U Y P O B F F D S
P A D R D S P V I M F P O J C O V C
G L F E N B H S G Q E L D P M F S W
Y F B C D F U H U N T I N G K H C D
P U X F G D C U R R W X Q V E B M B
I O B J V T D C E L W E T L N V L S
O M P J T I V T C B Q K T Q P A P R
Y A V I H V A S I E B E L Z S Q Y J
J C Z S E W X C Q C R H W Z V P W R
Q R U G Q G W Z V F I I R V Z B G D
T X I H H D Z S X D E O F W F Y S H
N F Q T Y G N I H S I F X V O V P Q
```

CAMOUFLAGE
FIRST AID
FOOD
HUNTING
NAVIGATION
SIGNAL

FIRE
FISHING
FORAGING
KNOT TYING
SHELTER
WATER

Health

Can You Find All The Words?

```
K Z T R F L Y I K U Y S T U U G B L
H O V L F C F I I C B P L C U V S J
J N N D V R W L Q K W X D Y H W T D
U W A P P D U R K O Y J B A M C L A
D G E N S Z C I S L E E P N E U L N
G V M W N A A X T H K P U X K U O N
Q H P Q F B T P T C I T E E Z G L E
S F C J R J U G F N R R O V Y Z N D
T P H D W E N N E I C V H A U I S D
O Q L V D E W S T I T N L B H W F J
O S W B R A S I S C H P K S J C V X
I J O T W B O E M A R Y N Q Y J B O
S A S A E N O R M R E U L K L J P V
Z R T I G C I P S L S P V A H O W
V E G E T A B L E S P H M K L Q E S
R Y M W E N E I G Y H J Q P F S H I
E B F I L H A D V B A L A N C E Y T
A Y J H A P L C X P H L N R R S E L
```

BALANCE
FRUIT
HYGIENE
PLAY
STRENGTH
VEGETABLES

EXERCISE
HAPPINESS
NUTRITION
SLEEP
SUNSHINE
WATER

Countries

Can You Find All The Words?

U	R	L	H	G	A	Z	T	G	Z	M	U	F	Y	E	V	G
N	M	J	E	G	I	P	L	C	M	R	G	Q	L	Q	D	F	Q
I	V	E	O	R	D	E	J	J	A	P	A	N	Z	S	L	C	U
T	F	S	X	L	N	Z	U	X	R	H	E	W	N	W	W	H
E	Q	E	L	I	I	R	E	F	Q	M	P	P	O	S	X	L
D	G	T	S	G	C	P	N	Y	D	U	S	A	U	Y	T	G	G
K	H	A	O	Y	D	O	C	S	L	G	O	G	N	V	R	M	E
I	W	T	U	N	B	C	A	H	P	D	U	S	S	I	X	B	R
N	B	S	T	S	T	Y	N	J	O	J	I	K	E	I	H	Y	M
G	Q	D	H	A	I	L	A	R	T	S	U	A	G	R	A	C	A
D	F	E	A	A	V	F	D	D	Z	U	R	V	V	D	G	Z	N
O	N	T	F	M	D	R	A	T	B	L	X	R	F	I	P	P	Y
M	A	I	R	D	Z	A	A	L	R	R	A	U	K	P	J	R	Q
J	L	N	I	U	G	N	P	Q	A	V	G	L	M	Z	A	X	G
M	U	U	C	I	T	C	P	B	Z	H	U	K	J	H	P	R	Y
K	Y	P	A	L	X	E	A	A	I	Y	F	N	L	X	R	H	V
L	I	I	O	P	Y	L	G	A	L	N	C	J	W	Z	L	Z	C
L	S	W	Z	E	N	C	B	W	J	L	N	O	L	Y	X	B	I

AUSTRALIA
CANADA
FRANCE
INDIA
MEXICO
UNITED KINGDOM

BRAZIL
CHINA
GERMANY
JAPAN
SOUTH AFRICA
UNITED STATES

Artists

Can You Find All The Words?

```
B F N J I R N A V T D N A R B M E R
B X B Q O A H Z U Y F O B Z U S U E
H O E M W Z N K S V O L F G V I C I
Q S R F Q X U C F I S H Z I M C H D
C U Z P X W E O H N S A A Z O N W W
B E O P K N I L O C A K N T N I N T
P I N J P E C L T E C A D E W V E W
B V Y R Y Y K O I N I D Y N J A U B
C M W Y I N P P P T P I W O T D W K
W H K F Y S X N W V O R A M X O L K
O L A G G U X O Q A L F R E M D L P
L E Y Z B U H S K N B T H D N R Q O
Q S H I I T B K V G A Y O U M A T Y
B C G S Y Q I C F O P S L A Y N N N
Q X D I P M A A X G Y X O L S O L C
D P X F W J W J U H H S F C E E W C
D Z F C O M I C H E L A N G E L O M
V W A S S I L Y K A N D I N S K Y C
```

ANDY WARHOL
FRIDA KAHLO
LEONARDO DA VINCI
PABLO PICASSO
VINCENT VAN GOGH

CLAUDE MONET
JACKSON POLLOCK
MICHELANGELO
REMBRANDT VAN RIJN
WASSILY KANDINSKY

Treasure

Can You Find All The Words?

```
Z Y W O W M O N E U M C U X T R D E
B N C N F U H C D N I L N B Q Y K J
R A M P P L D Y Z I X F Y R V B B N
I D N Y U A N A T R G F S R Y I S E
P Z X P P Y I U X N E C P T L B O D
H W J R P R F E D F U T M E W V G D
A R A E I J H O J A O O E N C I V I
B M B C W D P C R O L W B B U C F H
G N H S J E Z F L T C K S J W P I Y
E E P D O J L Q Q R U S M G Z E E F
S C G N T J T S A E E N Q G O U M U
T T B O F H S O A J U X E G L U N
F U L M E R I G M K N T M M J Z D A
W R T A F Z J I U Y D C H E S T N L
A Y T I W V I M S G E M S E F O P Z
B K X D Z T Q A R J M F E G P R K G
W K U I L W O P G G I Q L D C F F W
T J P I R A T E J X K I J H Z Z X N
```

BOUNTY
DIAMONDS
GEMS
HIDDEN
LOOT
PIRATE

CHEST
FORTUNE
GOLD
JEWELS
MAP
RICHES

Pizza Toppings

Can You Find All The Words?

```
J V Q X D W Z W M S I F A M N X N D V C
V Q X O J M W S M P C L Z G T O S T E I
N M Q W X E F O M I S V Z C O D P H F Q
V E U D H M O T L N H V W C M Z S V G S
A R J G Q R P L X A X L M S A Z K W E D
V A B O H V Q N U C V B W D T A O X P P
Q M M S H N D V P H U W P X O G S G E X
L J U X S H I E P E V E V Z E X O W L P
A M M X R I G J E V P B J L S R G N E I
S Z H Y R H E L Y P H T B L W J C A Y F
C H N T A S P U E A D S T A L E S S J X
U Q E H H P N R V Z R E H S C E Q Q O O
L I M V A E O Z Z B O T T H S O O T Q D
R Y R E K N X K W O L W I Q P J N M Z O
Q M N C I X Q A G A I A T C T O C I O T
B I I I B Y B N N N V E Z I H M A H O D
P H O E G A S U A S E I L T I O K E U U
C N I A S N O I N O S I W E K Q K S W D
Q X Z D T J Q D W U Z D E Z T C R E C F
A P L S R N W M T D F Y C E C H M I S X
```

ARTICHOKES
CHICKEN
MUSHROOMS
ONIONS
PINEAPPLE
SPINACH

BACON
HAM
OLIVES
PEPPERONI
SAUSAGE
TOMATOES

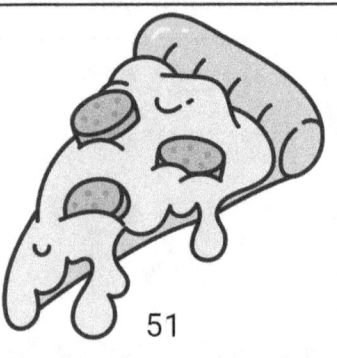

Trees

Can You Find All The Words?

```
E C B A N S Q G N P O X D L D J J Y N D
G E K T F K W T S L U F D O O W D E R K
R S L G P X V Y P N E P H I I M M K A O
C M J M I U K W L I T T R D C C B W J R
V C K D N N V W L J P H F V N R F I I Z
Y F K N E I T V H G O Y J N T W U B T C
P D B I R C H E V P L G M H Q Y L J Z H
F V N E P S A A G E L M V A E H H T Q E
C Z L Q Z L D P C X N I D P Q C S H A R
P K W Y E G M R P D V N J M E X N P E R
S X P D L P S G O Q Z F J E J W V J M Y
K V T H A W Q F A X L L B Z K T Y O Q F
R H N L R Q I B M A P L E K R K P W F G
A W M J L K A L Z R O F V R C Q J O D X
X H O M I N C O L Y A O Z E G M H Q P E
N P Y O C H M K H O X R D J S J P P I X
V S V N R P G F H D W A T Q U N E X Z N
T Y O S H C D E F H R T Z E Q Y Q L I C
L T C T G E E O A T Q S Y W B Q X S O D
E M N Y G R I R X P Y N R W K S W Y M I
```

ASPEN
BIRCH
CHERRY
MAPLE
PALM
REDWOOD

BEECH
CEDAR
ELM
OAK
PINE
WILLOW

52

Architecture

Can You Find All The Words?

```
P J R E W O T T U E G T F K N H A T A T
R D Q X O G A N S H F M K E M C V O C X
K M P V Q W M N G O S H V G U Q O H T E
S T V N M G T W U S T E N M L L C P S Q
P N O G Z U D N I Z V I E B O S V N U G
Y U I V D P K N N D Y A L C B E C A O
W X O C S A K Y B L D L A O M E P O A M
F N W G T A L Q I A C O Z H C R A Q C N
J W U I C D T U P O H Y W D X H P Q L Z
I S O V R K B J N Z R B W Q L H F L K A
K N K D X B N Y J I U K D R E D T U W B
V G D Y L R P T B O E I L R A L L I P L
C F D J S R X F D D I Q Z I B U N S X W
J O M X O C J H O D N O I O B J E G X K
K O X U E C R M Z O G P M U D D D U L J
L R U P A Z E A L J Y K C F A J X E K C
A P F W H P C L P O B G J C G M M S D G
H K O G X C I Z O E R P A O U T M G G D
A T S M R M U P L K R F G R O C Y Q P L
S O Z K L X A W Y X X K G H M W Z K S U
```

ARCH
BUILDING
DOME
FOUNDATION
ROOF
TOWER

BALCONY
COLUMN
FACADE
PILLAR
SKYSCRAPER
WINDOW

Dogs

Can You Find All The Words?

```
V S S V D Q F H F B X N H U G W V T S W
G K A G W U W Q D K X Z N Q C L A W Z Y
V D W U J I E I N R F P X V B L V W E X
E Y G I L N O I I L E D J W B O L F N Z
I F W N C E J P L Q H I N W K M V W T R
G J R B P K N M C L J W R X J J C B R D
N X X H U X X A G A O S F R V L P Q O A
X D E Y K G H O S E E C F K E G O I D C
N X U Z T H I H S I X G R M I T U L A H
R N S F J O P O O D L E G E E W B K R S
O M C H B Q A B K P U R H N D O N D B H
T G H D X Y E L G A E B H U X R E X A U
T K I Y V Y A R M O L B G E S N O J L N
W Q H G K L B D L O Z Z R O H W D B K D
E L U D U S H Y X B B S D P D D S E C Z
I Y A C Z B U I Z M P K A H D L J M H G
L V H C L I G H Q L N H U L Z A L Y A C
E D U F M Y Y K Y R A O Z M H M C U G Z
R J A T E B F J X C H O L V X W R R B M
F J E N E X N T S V H Z V Y X G S O A G
```

BEAGLE
BOXER
CHIHUAHUA
HUSKY
POODLE
SHIH TZU

BORDER COLLIE
BULLDOG
DACHSHUND
LABRADOR
ROTTWEILER
TERRIER

Exploration

Can You Find All The Words?

```
W D E K S Y J A H E I B Q Q J U L U Y Z
G S R U P J M Q T Y W L N G X V D T Y P
B C P E D K Q Y F Z O K M G I U T R J L
Y X H Z Y X Y E L N Y S U T L J U C V I
W Y W S E X G X O A X N F N S R D U R F
O R Q U N Q M H L V T S C O E K R L J S
E E Z V R E U V L I R K M U K W N C D Q
D V N J U E X K L G E M F E G M X F A J
O O O X O J G I Y A K R R H B A T X K G
P C I H J B X V R T S U J C A P L C C P
C S T J S H U N O E T G K T L V D Y V X
F I I T S Q D C D N E Q T M Q W U S K C
K D D V A J H A E J Y S U R V E Y K V P
R K E A P P O V U L B T I T D L Z A H I
F E P A M E D Y K E C S P X V R S Z R O
G F X I O A V O S O A E T V P V X U V N
G M E Y C Z F J K S T U I W V I I L Z E
A G W D C X B A C E N Q O X L H M C O E
D F X O P P N O V R E D N A W Z X X K R
F V K E X K P I X N C N V I A H C H M J
```

ADVENTURE
DISCOVERY
JOURNEY
NAVIGATE
QUEST
TREK

COMPASS
EXPEDITION
MAP
PIONEER
SURVEY
WANDER

Rivers

Can You Find All The Words?

```
Y D R X J Q R Y V Y A N G T Z E T Q Q R
W X S I X T O V E X N Y J T C A A E C W
D C D Q E R Z J W D I O G F Q X O F N D
S Q A M D V H R I J L A P G F X U G L T
S O R N K K Q J Q O E F Z O F E X X I O
G M R Z E X O E Z U V E I J O V G L V K
W V I X J L N L Y X J P L W Y E A A Y M
E V T S M J Y O P E R V Z C C U N D Z P
Q N Y Z S F F O Y O L V R R W E G A J U
Y B Q E P I X O Y T O L D O P N E H U J
S W N E N N S H I A G M O S Z G S L R F
T O B C O I S S Y I N J X W W M X C Q T
R O X T Z R S R I F O A M C H F L M G F
J C C M A I C E Q P C L S O G N U G X H
N M B X M D O R I R P Y H X L H Y N T A
Z Y T Q A G W B G U R I G E U P V O V J
S Z N X D H L B T M V Z W Z B L M K T T
O X T F W N Z N M A A P A K O K E E S B
N W T I E S K T G H L D D X H F Y M M J
P T J S N Z L P A R A N A X B V O R S S
```

AMAZON
CONGO
LENA
MISSISSIPPI
PARANA
YELLOW

AMUR
GANGES
MEKONG
NILE
YANGTZE
YENISEI

Jungle Animals

Can You Find All The Words?

```
Q E U G O P C B X V C K P M A N Q E Z L
S T P K E I Z E L I D O C O R C C X F I
T J V A I O N Q T X R Z F A P Y U A G V
K Z N N R V F H F H F T H N R H B D W U
F Y C E B R V Z M Q G T M F R B S G X E
S E S D Y F O V M J H V T T K N O L E Z
E X Y Q J W W T N U M B N Q F H X C K X
E A M W D L S B T C F A P T H C N K Z W
M D Y E F L J D I O H X O E G K L G C Q
O N L L M P O H G P R U H E J Y I X I M
C O B I O H Y R E R C W B N J A E N D U
D C M A N R E L R A I D D D Z J F L W Q
F A H D K Z E C N Z V N M B S R F M G L
N N I A E T J K W P Q A K S A J A V J W
Z A U P Y L F Q P Z M G B U Y T R Y Z O
T Y Z E B R A D K C F P G Z I K I E D V
D F I L U P E K U I S A N C A R G Z R H
C Y T E X E P V C P J J H C C B D A R N
M P A L L I R O G K L A B F D G E Y N W
O P W F T C V N Y S G Y K T R J G D U S
```

ANACONDA
CROCODILE
GIRAFFE
JAGUAR
PARROT
TOUCAN

COBRA
ELEPHANT
GORILLA
MONKEY
TIGER
ZEBRA

School Subjects

Can You Find All The Words?

```
T D A H O O F B U Q T Y D Q Q C O I F F
S S P K F Y G O L O I C O S D O U G J W
T Z T W Y N E C E G Z K J B O S P S Q U
I K L Y R C B R E F C P F U O A J X M F
P B E C L X Y A U P M I B L V B E L A F
L W C Z T U Z G H T G T W A P Q M T X
P Z S O Y A D V O C A D H W B L S O H N
Y I X F R H C K O L X R D F V F K S E Y
Z Q N T T U P X J V O L E G F U T Z M T
U W Q Y K Y A A X Y L H A T C G T O A Y
U E N U R Q J H R N J H C E I C J Z T R
R O T H R T I K R G B T C Y Z L R D I B
R T L O S S S L E R O N O L S W J D C Q
K E K Z T I S I J A E E P U K P T Y S D
I P O O K Y L V M I I P G S M H T R X
P F R C J I F G C E K X W C J F O H H Y
Y Y Z E J S I S N B H Z T D U I Z Z Q Q
K F Q F M H D Y S E K C B C Z E B B J O
Z S L Y W E C O N O M I C S E G Q H O I
H B P M U S I C G A Y H B W B C M J K G
```

ART
ECONOMICS
GEOGRAPHY
LITERATURE
MUSIC
SCIENCE

CHEMISTRY
ENGLISH
HISTORY
MATHEMATICS
PSYCHOLOGY
SOCIOLOGY

Plants

Can You Find All The Words?

```
T R B Z P Q Y E K V Z N V D Q S L J W G
B G S C A N I V W V U I D N I J Z A B K
C U K N O G M L Z M V O W I J M S L L V
T E T E J I Z S I D Q G M O M V W H J Z
N S P J X Q C R U D X R K J S W V X N K
D O F V O Q V D R N O J S W J L J Q V A
S R G J G Q J M K F F F O U X F I N W C
R V J I K Q G J L M F L F B P E D S N A
R D A I S Y B O P G V O O A W S K J T C
E Y C U B G G S Z E U R B W D A L S E T
K N N Y F O F Q Z I Y C J P E S G A I U
Z R Q F R H Q U N V L H A Z V R L A P S
L A V E N D E R Q Y I I G N O S W W R A
U O B N O J E O Q F B D Q G N J T P T D
R U E N H F A G L U F X C M R U T I P U
K A E R Z O L S B I A Y R Y U S G L S P
O N M Z O I N F H Y H S I Q H W H U P B
D Z V C L F L R F Y G U L V E O G T H A
N S O Y M K R L T P W Y I I H M B T O T
X I U C H N X N C Q I Q V K X E Y W A W
```

CACTUS
DAISY
IVY
LILY
PEONY
SUNFLOWER

DAFFODIL
FERN
LAVENDER
ORCHID
ROSE
TULIP

Nature

Can You Find All The Words?

```
V L M F J P E O Y H T C D D W V G E W Q
F G L O T R Q V J X E V Y R D Q P J S N
J D S V R I U F Y L G H E V V F Q R O H
Z V M U L V F F M Y S W K U C D X H C E
Z A A B U E G R Z L O X M I Y L I R H Y
R O B G Q R G T H L C L T W K H O C G W
S B D M X K I J F D X Y B T A I Z U Q C
D L L Y V E Z R C T K J S Q Y U H J D G
P M C F E F B Z M S U E P J X E P D E Z
M Y M Z T W J C B Z R H V T I A C D C D
L V A O E O C F R O N X I T U R A N W
T X L G O B P N F F K X W J N R Q R M I
M D W B N N V D A J H R N U K K I P E Z
B N L Q W I J V J E C Z S J K I Q X G X
E K R K S A E A T Q C C X K V N M E P A
T X M H I R E R L U K O P Z H B V F W Y
B O E D P K L S M Z Z J O M L D D E F U
N R P C E M F B F B I Z R O I D R L B M
H E E R T W I L D L I F E E I A E M F F
E C A F A N M I D L N M O U N T A I N C
```

CLOUD
FOREST
MOUNTAIN
RAINBOW
SKY
TREE

FLOWER
MOON
OCEAN
RIVER
SUN
WILDLIFE

Fashion

Can You Find All The Words?

```
C W L A A H D R E S S E S S T N K S C H
P I D J T P M Y Y W R D Y Y R S W G L J
E Y R S X F A P D F U H N R C O Q K U Q
A P K R N U D N O A O D K G O H L I E O
G M N Z W N G L T J E Z K O L Q L O A A
L Y B X Z N S M Q S I T T Y F I E B C Y
Q B Y Y Z U A E O Y C H T H B W N P B R
Q E X R R T L P I S V N N E L Y T S T C
R S I M N K C N N R E E U K Q K D F M S
D P Z K G K B K S C O O F S V S S V D E
S A D R W C L O T H E S H N E P E O Z O
M R F L G N Z Q O V G C S R G B H S Y H
N K Q Y C J G S D J A C K E T S K W L S
L L R I S J G F T B P A J T C P W J G H
B E N R B N J A E R A Q J T U C H C G G
S S M L A K I D D N I P L A Q H A W B Y
S O E L F D V R D J J X P A S R N Y E -
I E O G O L P T D G F P S T L P A Y F K
O Z S Y Z R I I K Y N V S Q O B F N D Y
W W I E J P S A X U B F E O N E M H H V
```

ACCESSORIES
COLORS
HATS
PANTS
SHOES
SPARKLES

CLOTHES
DRESSES
JACKETS
PATTERNS
SKIRTS
STYLE

Travel

Can You Find All The Words?

```
P M K Q L Z T X E M F F I M I H Q C T K
G T X W Y Y O X S Z F R T S H U H Y I M
I E K V F C M O A J I V A A N I V W C X
G N G K Q F Z M C U B Q C A J F D N K O
H U I I M Y S R T E K I J Q D A K Q E H
J K S S D E S T I N A T I O N C R T T H
K V X Y I P L C U B P R Q I R J S J E Q
G Z A S I V L E S P P R I O L I B Q F Q
M C R G A Y W G T U A A U V R L J W R B
P K U X P U P B G O V M S U R F K A O I
G O F W Y X M V G H R O S X Z B F T Z
G O L L Q S J M A I I T Y U P I Z I S A
T B J J D J S O R N A Q J Y G O N Q B L
A E L W H N Y Q E Y F L Y P R E R B S T
Y D X M I R S V I E H U U A R U P T A A
Z I S W Z I U B P N C I D A F G S G L X
E U A E F O Z P K R D S R Z Z C R X X W
U G Q X S J F B Z N Y W Z Z C Z X N L
M E H V K T U X I O P Q X M L P R I Q R
E C J C J M P K F J C X S O Y H N C R K
```

DESTINATION
HOTEL
JOURNEY
PASSPORT
SUITCASE
TOURIST

GUIDEBOOK
ITINERARY
MAP
SOUVENIR
TICKET
VISA

Movies

Can You Find All The Words?

```
U I H G E N R E M P F C G S W R M J A P
I Y V F E T V U Y S N C A P Q G W A X G
N Z Q S R R T G A P A G N X I A Q Z P U
M V Y K I N E G T E R Z Y D Z Q T F P D
N F N I N Q B I C O F E H I V C X T M A
E I E N H Z P E M H Y K P R I F K L I E
Z M Z U T O L P B E P I A E Q L I E P E
G J F K Z E P E F C R R R C P F E S R N
X B L S R M H R A S F P G T I Z B E I D
Y J M G S L V T Y W S S O O V H Q U R N
M G B Y F Q P A R F E F T R G Z E P U K
S E Q K I X R E H B Q T A A S X O N G A
Z J C N O E Z H P H U V M G C M J C N Q
W W I N J K J T U Z E Z E P C T L H M J
C F J R E B A G T B L U N S H N O C F J
D X I H E W G Z L Z G I C D W U R L T
C R S J K V I G S C X S C E P T O Z C F
C H E Q N F C T I O Q H O N V J V L U
P Y A L P N E E R C S R R E H Q X X J X
B J E I H M J A L C D D T E T D A C D U
```

ACTOR
DIRECTOR
GENRE
PREMIERE
SCENE
SEQUEL

CINEMATOGRAPHY
FILM
PLOT
REEL
SCREENPLAY
THEATRE

Geography

Can You Find All The Words?

```
P G Q J V G W Z A S I R T J B F D Z F G
A H A C M H I B D A A Y P N H Y V Y P E
T M Q F I S F D F M M E E A N C Q T W K
K X I G M K I K R S Q K K E U O A E K A
V A U S H U M X I E T K N C I Z Y E Q L
A H M I L L I E V F C R S O U C W N B J
T B T N T A Y G E K F B U R R T T Q A F
M Y Z Z D E N I R K Y K B Z L S X W J C
O P P N Z Q M D G L O B E G E I W T U R
J Y R E T R E S E D C E E R T N E Z O T
L E W F B M U T Y C T W O A V B A K Q P
E L W S S Y I Y E F V F W V X D R J X I
A L B N E D X V M Q W B F P N Q K O X
J A Q W R D Y O F X I G Q T V M L P A M
E V B H J R M N X E D A N Q D B V E O D
V O V W N C G J V C L D P O Y W L B
S H I T L A R L F I L T T G Q C E V L H
H H M O U N T A I N M P T J H D J A H R
C M D N J Z H V B J Z G H O E K R R B M
U K Z K U W O N D M F R Z J W D G F L X
```

BEACH
DESERT
GLOBE
LAKE
MOUNTAIN
RIVER

CANYON
FOREST
ISLAND
MAP
OCEAN
VALLEY

64

Poetry

Can You Find All The Words?

EMOTION
FORM
LINES
RHYTHM
STRUCTURE
THEMES

FIGURATIVE
IMAGERY
NARRATIVE
STANZAS
SYMBOLS
TONE

Wildlife

Can You Find All The Words?

```
J D B L V D Q I K J V O A Y B X Q C R H
W M S S M Q N U Y I Q P E G Q T T A L L
E L F S M F N D G Z T R J T U I E S F C
C D M A S E I C E P S E U D H P E B D Y
T T N I Z O H T L H N X F Q T Z E D E X
H D C U G X Y T X D W Q C H Q V J Q Q Y
V J V Z R W A N A K B X Z I E S R E W W
E J S B T T G N O T S X X T L C M Q B S
X G O T C O G E W I I H K X Z H I N V L
U Y I A Y E R C G P T B K Q F J G R F A
Y C T Y R I W O K A R A A V E M R R H M
I Y U E H K Z S X V L E V H D Y A V M I
T T D Q V X Y R C A F Y R F N T A Y N
F Y Q D F Z A S K F J B U X E P I N D A
K A P R E D A T O R Y O D O N S O T A X
O Z S P G U U E H D S X G S M Q N U N P
U H K H S Q F M A A L P C V N A I O W P
H V X W B Z B L Q S Q T X G F T C T C L
P N W W I L D L I F E R E F U G E D Q J
W T K K P Y T I S R E V I D O I B M N G
```

ANIMALS
CAMOUFLAGE
ECOSYSTEM
HABITAT
PREDATOR
SPECIES

BIODIVERSITY
CONSERVATION
ENDANGERED
MIGRATION
PREY
WILDLIFE REFUGE

Capital Cities

Can You Find All The Words?

```
M T B I L M Y V V P C Q M H B F V P R P
N X E T V W E G V L E B X I I P B D O R
C Z W K K B J S W V R X D M H W R Q M C
A W J K Y V W H B Y K V D L K M I E Y
N L Q X V P R R O D M Z S V E Q A T V H
B H N B H N B G M O S C O W D B C H G
E A O C Y E Y X C Z O G L J W F H S U
R J C B R I K P I O H O Q F E L X P Q Z
R M G L C X X D K C N I E V N E A H P U
A D I N Y G U D F D N L P R Z R P Q Q X
N N L Y I E B D O K Z H F T I B S R A U
V O V J M J E N O M U F K S T E T I N D
H Q B W S S I S V V P F H T H O L T F A
S X V D U N J E C W J R K D K I N M W Y
B O A P F O Z P B N J S I Y S Z F H P D
E I M O R I A C K B F R O A O I B Z X
M T O B D L Z F D S D A R B E K Q L H B
Q L E G P U W G Z A J B L H B Z I O D W
W A X A L A Q B M A N O W B E Z F B V Y
X N O U W D V T H L I L I M V T J F I O
```

BEIJING
BRASILIA
CANBERRA
MADRID
NEW DELHI
ROME

BERLIN
CAIRO
LONDON
MOSCOW
PARIS
TOKYO

Seasons

Can You Find All The Words?

```
L H J K S N J B W R U U D P C Q F O V R
E H I V J E J J D K B K M H S H Q H V O
J M A D F X P X H L W A T P E N L V K J
G P U Z L E A J O A B G L A W E N E R H
B Z N N B Z G O H R M D B M P O I N M U
G S V H H G M T Z B F Q I K L C U X I H
Y N M Y J G F V I Q L R P X H P P G A F
E G M S N S O R O O H E O A O B A R Y X
M S C I Y K I P R F U K N S S K V Z J I
L S R D C B N R Z E M G E Z T E N I A K
G P F X U M N G W K E E U L S Z U W K L
S L D V V O E J J N P J K T G S D H W D
T G Y T D H H H M L Y C K T L S O E B F
D A U T U M N U R E M M U S M E D A M C
C U X U J W Y Q B S C H Q F C N F T J Q
M R J I L N W B L O S S O M S B W S H
N A T I D B I Y A V V T L V I B E A R M
Z F N M Q G K X T W T M D Z B Z D V G F
G N B U B L D L C R E T N I W J V E F H
A Z J H R Y U L W H V L S O H H H G U U
```

AUTUMN
BLOSSOM
FROST
HEATWAVE
SPRING
THAW

BLOOM
CHANGE
HARVEST
RENEWAL
SUMMER
WINTER

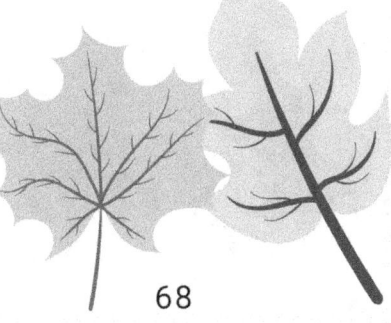

Robots

Can You Find All The Words?

```
P X B P B P V D G N I M M A R G O R P U
Y G O L O N H C E T O N A N X S R C Q Q
S M A F P U Y P H X Y N Z H M Z S U C J
U B B Z T Z X Q S N M R U H V S K Q L P
F K T I D W F A A T Q M T Y K V R G M I
O G G C U D I K Z Q A I S I N D L N Y D
F U X K E O N T U N R Q D P U X E V T P
R A G R O B Y C O O P M I S B C L G H L
A K I J B M P I G R G Y O Y U A R A K E
L U B T R V D L M R Q P R S C I Y I I Y
M I T G P Y A P Z B P R D I P V A C C I
O V W O I I A B K B O K N J L M U S R Y
B L Y T M K W E T B N A A G J P E K A S
H O M S S A C L O H H M P C Q N H T F U
D Q T K J N T T H C O Y C H S Y Y L U V
K A Q G Y V I I E L R I Q O U P T U B D
M W B W W C C M O C H W R Y Q Q X N B R
N V M M S I J K Z N M S S Y O P O Q X D
D K Y N O I T A V O N N I C T U E P U R
S A F S L Y U N I Q X N H C L R A X L Z
```

ALGORITHMS
AUTOMATION
CYBORG
INNOVATION
NANOTECHNOLOGY
ROBOTICS

ANDROIDS
CIRCUITRY
HUMANOID
MECHANICAL
PROGRAMMING
SENSORS

Medieval Times

Can You Find All The Words?

```
W W U O U Q T N E E U Q F C O C L Y Y L
D B Z O W X K D Z I X W Q Y B N L I T T
P R K M D J T W B X I S H T R S Q N C P
G E Q U S O I Y K U H L U I I B A H G M
V W K J C X O S C Y D I Z Y T S O R P V
O J N V Z R O M R A Y E B V A O S D M Y
N Q G A W Z Z G B W Y S I E G E G B C W
M N E V M Z F M Y M S R P X S Y I H V X
G C A S T L E F E U D A L I S M U T E Y
I E M W H L S B W I P Q V A L A O Q R C
M W Y Q D X D F I U B W E S V T C Z G X
Z A R E L N A G N I K C M N F I T C B K
Z K D H P H F T T P H I P Y U T H Z W V
H K L G X S N N E R I R H L S A A C F Q
F K A C D J Z D U B P W J R R S B N P H
I M R S R J Y J R A L I V O O D S W E O
C F E X U A J L A O O M P S U H M M O O
E T H G I N K K B I W J B V G S Q A H F
Y L B Y E Q L Y R E C S O R R U T O J K
F L O X M S X N B D P G T N X G N B G O
```

ARMOR
CHIVALRY
HERALDRY
KING
PEASANT
SIEGE

CASTLE
FEUDALISM
JOUST
KNIGHT
QUEEN
SWORD

Days of the Week

Can You Find All The Words?

```
G G E O L W A C Z O L K X B B C D M W A
E M W J L E N C D H C V F S E E T E F Q
N Y K C D D Y J L G N N S B X E Q I R S
N U R N J N T S Y E F O X M L U M W A J
T L G M F E G H H O I G P S M O R T C G
I T R C G S L P P V D G L C N C U G J T
C H L Z Y D F V J H M G H D U R W F D Q
B U N K I A M M X X G P A U D X X B L W
P R R X Q Y D D Z U W Y R A K R P E Z U
H S D S E C V I Y J X J Y R H R K J N Y
B D D H E E F W R I A R R I D E L O B T
B A T E F Y Y X Z F K J U G E Y E M P T
S Y J E L V I C D S U A X R Y E F T H Q
N K L R A W Z R B I L Y K A X C K V L O
X Z H F P K S S F X E H D Y A D N U S T
I K D R F Y Y Y O R S F R E R N F Z C
Y X H M J G E J B U E Y L E L G F Z C I
K X B K N G S N H U M I A N L J P V T P
J J B Z N O X Z T V P E B Y M E O W F P
X H S U D R M D Q X L R C I R H E A U G
```

FRIDAY
SATURDAY
THURSDAY
WEDNESDAY

MONDAY
SUNDAY
TUESDAY

Dinosaurs

Can You Find All The Words?

```
E B R Z S L X I F N B E I A P H F D Z X
R E Q Y C I X D I P P H N T S J P K N B
N S W Q F G O I Q W L K R U Z G M W Q G
M Z J D Y K I S I C Y M C P L X F S T F
N Y S S G C T L U L E O W W A F P L Y S
J U Q K U T Z L O R D C F G E R M F R P
H E I D L K R S Z O U E V F V N D Z A O
J Z G Y W A A L L O S A U R U S Q H N T
W A D K B U X P S I D E S A Q X B T N A
Z B A A R Y I N Z F E Y K O G M J H O R
V P D U G D W Y X K Q V M X G R B R S E
X E S V E L O C I R A P T O R E G T A C
W O L Y T C A D O R E T P R R M T Z U I
G T E U H Q V E L K N W Y K E Q N S R R
X X U S U H P O L O R U A S A R A P U T
V V X Y R E T P O E A H C R A G H S U
Z J N U T S U R U A S O I H C A R B R W
Z V P L U G K V N Z V S X E Y J Q E N
Q G V T L H P V G O J Y I G O X B X C
U W I E B S U R U A S O N I P S T B J N
```

ALLOSAURUS
ARCHAEOPTERYX
DIPLODOCUS
PTERODACTYL
STEGOSAURUS
TYRANNOSAURUS REX

ANKYLOSAURUS
BRACHIOSAURUS
PARASAUROLOPHUS
SPINOSAURUS
TRICERATOPS
VELOCIRAPTOR

American Football

Can You Find All The Words?

```
P H S V T D C K T O B L T N W O N Z A J
X N S H B D Q M S R Q H A E Z I D W U U
R L K U Q J L Y F C E W K Y D C E P L H
D T E M L E H I W U O D P P D H M C R V
O Q C M O X N C L Y M W A R E R Q X S F
H Y U R T A C K L E O B O E I D X Z H A
B U L A Z N R L A L J T L J L G H N S P
E N N E R D D K A U N O A E N R K S M P
Y S M A L T H X M U Q B C P G G E B B L
Z Q A G Z I E T P R X Z B O D L H E F V
G I Y S K E C R R G C X C D K E H F H W
A C G G F F P E B T S G D A W N O M U C
H T Z U N Q F I E A S Z I O V K F C V F
Q E L Q Z E V N B T C O T R C I H A L F
P M Y P R B D D F I K K P I E G E U G B
V O G E A Z H D U Z B K L A O F W S Q
D F E H O H B O L A K F D Z A E D B X L
E D V N N G T L C P O Q S P S O I H J I
D L E K S Y X N W O D H C U O T G X K N
V D X K E E S K Z Q E K G F U Y B K L Q
```

CHEERLEADER
FIELD
GOALPOST
KICK OFF
QUARTERBACK
TACKLE

ENDZONE
FUMBLE
HELMET
PUNT
REFEREE
TOUCHDOWN

73

Battles

Can You Find All The Words?

```
H A X X A U K E Y K O Y O C E X W Q X R
F J F F G X W I P B L Q E S E O R E H C
J Z O O Z P Y H B J T R Q V O O U Q X N
D D V L L S P Z R O U G I M V R P A B G
S E N I G Q R H K T G L A I P X Y I Q P
S Z W H W H S H N N L G T P H Y O W B V
N V C X E Z Y E B A I S W S E C A Y B F
B J R S K K V Q I C E G I G M B V M R C
I B V A F D V N Y I N B H B F U H R A K
A D I O A X S S L S F B S T W J T Y V Q
R T W R V G D L G N V G N D S K V M E D
E L Y T M R A W S O J F G E L S Y H I Z
Y P N T O M M B T G F Q D M U E P R X F
J D S W R G Q M Y A M Y M C S D I C X E
Z H S V F C O H V R G J H X F G B H M A
U M V A I E U U W D D O J P H Z Q N S L
E U Z A Y R O T C I V X B U G K X F H Q
A B U G D S G U P V U P P A V Q E L M D
P I O Y E C L Q U X C E G A R U O C P B
Y H L R M G S R B V Y O J Q G Z P K Y M
```

ADVENTURE
BRAVE
DRAGONS
KNIGHTS
SHIELDS
VICTORY

ALLIES
COURAGE
HEROES
MAGIC
SWORDS
VILLAINS

Gases

Can You Find All The Words?

```
N A K O X E X J D I N E M H P N U K M H
B R Z D D B N M L T Q E F Y T Z H C Y H
F G Y I B R D O A N D V O G R C T D K P
I O R J C F P J Z S W T B N U E R U Q J
S N I E R B T U S O W C E D T O Y G Q W
X U V N T X H J V L F M U G Q D Y A M
O U S A H K E N B F J X F E N W P I A O
L R H H V Z Y S H C V G N E I L Q N S S
F O C T G L U C V J V N T R W T E C A M
Y P E E I Z O C B N O V E J M G F C C Q
P S U M I D Q H O T S D P Y Y Y J B U
Z N C Q V U O N P F F K Y X Y R C C V T
U N T K D L E Y B W D D O P I Y E G R J
Q Y O C Y X R W N N E G O R T I N E C Z
O G I D N K Q K V R R Q L V L Q K Q M F
E D Y M A Q O A F H U R E K L F V E C T
J A O X O R O K M U I L E H F G P P Z K
P X E T W U M N O G H P N B M T K Y R P
X X L Q Z G R S Q Y O E Y L E M J M F A
V J V H D K U E D I X O I D N O B R A C
```

ARGON
HELIUM
KRYPTON
NEON
OXYGEN
RADON

CARBON DIOXIDE
HYDROGEN
METHANE
NITROGEN
OZONE
XENON

Insects

Can You Find All The Words?

```
U L N N A Q B O L S R E N C E A D H Q R I L
Y B Q S M Z N U I L G R B B R Q A I D V R P
C N T W T E M Y G C U T K Z B Z Z R Y Z Y R
T U U B L B V G E J B M E S Y M A E W H C O
J X S A N T M X G O Y R Q H T G X Y Q Z
U P U Q R J T Y X K D D R X O Q H B E D F H
W H P V T E O B V J A A T N Q K F V B A P N
R H G S L F H V G C L K F M O Z J N E T O E
V C R I C K E T D L W L K R S P D B F K C I
O S W V Q T M D I B Y E T T T Z F L B X J X
L Z D U X Z V P U K L M O W A H D W J P R Q
Y K N I X Z R T L T A A I D K N Y G N V C
A F E W B E T F E R E P P O H S S A R G N M
W Q U A T E E E I D Y O I R T N Y X T Z L E
P M C A R A B I P L V S B R P Y P A G W Y D
O Z C F C P C E K K Z F K K L L H E P N D B
B S L V I D S S T F S S N S E F U O E J L O
S Y O O T I U Q S O M Q M A P B T C L K E Z
S E K D W J E G I F Q O V I V O T R Z T K T
P R V D K F P U Q Q T W F F E S R M I P F H
Q J C G B Z T W H Z I O T S I J N Y V W F
R I V Q L K T G L S X H O C I J R M Y X R C
```

ANT
BEETLE
CATERPILLAR
DRAGONFLY
GRASSHOPPER
MOSQUITO

BEE
BUTTERFLY
CRICKET
FLY
LADYBUG
MOTH

76

Holidays

Can You Find All The Words?

```
Z D Q R S V A A O V K F V U N R J T T U Y A
F P F E Q Z S N H Q Z S A M T S I R H C A X
R N C F Q F Q Q F F R Q I X Y Y A A D B D R
V L A H S C Q J H T W G D K H H M Q P A E Z
N G Q D R R X L U Y P P Z A C T J L Q A L S
W D O T A Y H Y C G D N L M F D Z V J N L L
V M E Q E M H A A T N L F Z X D Q W M H I I
N M M U Y E A X O D O I U E S U T E D J T K
J C A C W A T R B W S P V I L A W I D U S K
B K R C E S C S E L Z N Y I Z C H T E K A P
U Y B S N T O E V L H Q A V G D O D S S B Q
X I M F E E N H T X A I G R L S T A N L B R
T A U X S R V Z U T N U R N E C K Q H O L O
Z Z H Z E A N L K O U O J A C T B N O N I A
H T G G N I K H U K Q X P J E Z A T J J Z
O X Z M I P P R Y X K P U D J H U V H H D D
P Z Q V H A D M X Q A T H K H G X L K W T L
S M Z Z C Z L U J G H W J T L V K O M C Q Y
F T D H B N P O Y Y A D L A I R O M E M J Y
D W N L A B O R D A Y O Q F P S L K S F Z A
Z K H T F E P Z N L U E W A Z P B L T X G W
S I S S R K Q U L E N F E T A X Y G R U O H
```

BASTILLE DAY
CHRISTMAS
EASTER
HANUKKAH
MEMORIAL DAY
THANKSGIVING

CHINESE NEW YEAR
DIWALI
HALLOWEEN
LABOR DAY
RAMADAN
VETERANS DAY

Fossils

Can You Find All The Words?

```
W P X E A Z A M M O N I T E T L O J C I W H
J E B E T A V A C X E J H Q Z V L E O Y J U
N T P H B J K Z O A E X C I C B T X F S W N
Z R I U Q N G Q N D O P B J V U M C T Q V W
I I Z C Y G O L O T N O E L A P E G X E U N
M L D A C V E Q D H M S F F J O E A J D S
F O Z I F I Y R I U U X K A P G I Y I N Q Q
M B M W N E S G J E S K H K M B S M U T N S
H I E T N O G S S U M L M U W Y W J S Q K J
L T W Z H I S U A N A U C M T O G Q Q Y Q G
R E Y N N E M A O R P I H P U P H G K F O O
F V R G K F G T U M U P C B O V M H X V G M
P C E S Z J E B D R U J I O V S F B V B R B
U Q L H S L S Q A L F S V B S G H O Z I J L
K S P N E W S W R I I Y B S B R A N V E U B
F L M K F P E F F U L I S S O F X E Z W L H
I K S E O F Z I D Z E C G F L U A S G H E P
J P H R J C N W R E K G A D E Y F G S Q W I
E G Q Y F C D V Q A T B J T D M P T B M Z Z
H O O G W R I P H I N V Y V A C H U R R T F
E K M A T A G N S X P M V K J O Z V G X S G
H V D V I T Y R B Q P A I I X G F Q O T H I
```

AMMONITE
DIG
DINOSAUR
FOSSIL
MUSEUM
SKELETON

BONES
DIGGING
EXCAVATE
JURASSIC
PALEONTOLOGY
TRILOBITE

Emotions

Can You Find All The Words?

```
C L V O Z B D E O I D S X V Z A N K S W J N
I I T N D R P L D P D M W G G M M P U N L K
W Q C Q L J O Y O A B U R V N Q S C R Y O C
R C P E I B M K N R N Y W S D F S I P E V Y
K X J Z Q Z M A W A V A S X C Z E E R L E X
L I P E N R X P J Y R E C E L X N N I K H G
E T R Z B W N Q E C N D J G O G I A S T T C
X X J C U S O T K D U C D B J Y P C E H P X
C K J Q F Q S Q A C Z I A P A B P H N S Y L
I S B F H R V S X A S V K D B E A N A N N N
T H Z Q Z Y L W N G R B H U A N H A M O Y G
E I Y C J F K G U P E X Y C D T C P K Y B V
M B F I F W E S U N G Y L G F G P F R C N E
E H M Y E R T C V C H J R J D J P X R E U
N V L Y A D I Y F D G U I L T C W L V N M L
T Y H W R L D S M U Q C H I L Z H H F T D A
M C K K I L E H C N I T Y M B Q I Z J M J A
K U R E A P K T O D H M P Y L M F G F A K D
J A M A J A F Q C N M T K P W U T M J S Y G
Q G O T N P O P D Y T E I X N A W C T D L T
C H L C O Y Q E G E M X Z O U E H Z Q T S A
V F R M K F R F A K A E H O W T B F U H K F
```

ANGER
DISGUST
EXCITEMENT
GUILT
JOY
SADNESS

ANXIETY
ENVY
FEAR
HAPPINESS
LOVE
SURPRISE

Winter

Can You Find All The Words?

```
U Q H Z C E V K W B I P N P K Y P X D E C O
I O A K M E Y A L O L A L U Q W K P O J L F
M S F D Q K J S E X U I J B J M S G F R D Z
E H T B X A S K H T G W Z J M D L O C G Y U
E Z M P R L E K U O Y R S Z G B L C M V P N
B I X Q D F X T I I N P S A S N T L J S J
S S Q G Q W A H T I O J N M H R Y C D L O C
K C G J M O W P H W N L P I N H D B S J H D
F M U J Q N N D M J T G Y T K I E C M F A R
Y A W H H S U A C V L I P T F R E E Z E D T
F K H O K Z N Q I T Y J V E X Z A N B B F O
R K H N N E U D M S V A P N K R T A V F D Z
W Q L N E S G F Y O R O I S W X K I C I F C
A C V T I R E M Z R E M C X I E K B Y R T C
D H N F K U T F T F I A V R T G B K Y E T S
W U A A X D U C Z A C E F H Y F R B Z P O N
Q T F R J J F B A U J X E R I Z E Y L K L S Q
I M W A G R H M D C I T C U C K C P O A C J
P Y F J G A J I M H T E T W D C B E O C L O
W K T X F C Q D M V N H F F W M P G U E T K
O P T A G S R M I X Y Q H D I S N Q M T T B
T W U V L B V N I M J W I F W A G C W V L P
```

BLIZZARD
FIREPLACE
FROST
MITTENS
SKIING
SNOWFLAKE

COLD
FREEZE
ICE
SCARF
SNOW
SNOWMAN

Jobs

Can You Find All The Words?

M	P	M	O	J	K	I	A	R	L	U	L	I	G	W	I	S	J	C	X	D	J
Y	Q	H	Y	Z	E	E	I	O	S	L	O	X	Y	W	R	N	H	H	L	O	U
N	A	I	R	A	N	I	R	E	T	E	V	I	V	E	A	X	A	E	K	M	D
G	D	X	C	W	R	K	V	B	A	Q	X	M	O	P	U	B	W	B	M	Y	E
B	L	N	G	O	M	O	Y	J	R	Q	R	N	V	N	S	Y	F	N	W	K	T
C	M	U	N	C	L	D	T	N	T	N	U	D	F	T	A	X	V	P	L	R	P
T	C	H	C	R	K	B	A	C	W	L	L	U	S	R	X	T	E	E	F	C	E
A	P	W	S	F	P	M	C	K	O	J	R	V	T	D	R	O	N	K	I	A	M
R	F	U	Q	F	A	P	X	N	T	D	E	I	T	D	L	G	N	Y	G	M	G
E	S	N	W	P	E	G	L	E	E	E	S	L	V	J	I	E	B	W	C	W	M
C	X	C	A	B	Z	C	K	O	F	T	M	L	T	N	M	Z	E	G	Y	O	O
I	F	Z	I	H	U	T	P	L	K	A	S	S	E	N	F	C	I	F	Y	I	C
F	L	H	A	E	V	R	R	E	H	C	A	E	T	U	A	H	K	Q	L	J	N
F	E	B	H	J	N	E	R	G	E	J	R	S	R	R	S	F	R	X	A	N
O	U	R	U	L	H	T	K	F	G	V	E	A	B	S	M	A	I	Q	I	C	O
E	M	S	C	H	E	F	I	R	C	B	P	B	G	E	E	V	E	Z	F	E	C
C	P	N	D	C	Q	K	O	S	S	S	Y	I	S	S	R	J	U	P	R	F	U
I	R	X	A	O	U	Q	G	G	T	L	K	O	L	U	X	X	M	Q	B	C	L
L	Y	Y	F	I	R	E	F	I	G	H	T	E	R	O	S	B	O	Q	O	E	N
O	U	M	A	A	T	P	U	I	C	M	R	S	B	X	T	K	C	K	R	B	L
P	F	N	K	R	E	S	X	X	I	E	G	C	V	P	Y	U	V	K	F	Q	P
X	C	M	M	F	E	G	F	W	M	F	I	J	E	Q	G	K	X	N	A	C	R

ARTIST
DOCTOR
FARMER
NURSE
POLICE OFFICER
TEACHER

CHEF
ENGINEER
FIREFIGHTER
PILOT
SCIENTIST
VETERINARIAN

Birds

Can You Find All The Words?

```
U J X O W Z X Y L P S W A N M C J W M I D R
K I B C T S L O R Q R F S Z B Q Z C R N Q Q
Q S L H R H G R O B I N K Z I B V Q T P F Q
X N B R T I U D F A R U N M X V V O H F F R
L P N E L H P M A B B L O O Q V U Y R M D H
U F Z J E B D O M O D O W M Z C Q J D X J J
V W V L W W P E T I D L G Z A H E S W C A F
T Q G Z J Y O E S F N Q L N V V C S E P F X
B A E Z A M R R N K H G D E X X Y G H A P L
E T I M A L S D R G J Q B L H C W J H R B C
V V D U E P F I P A U F Y I B A S O R H X
K O W U U I L L E B P I A B R F E Q G O E A
Z V Q X G F A X L F Z S N U D D A B S T T K
X S M F S A M W I C V M O J T V G H X S H D
O G X W Y G I O C Y O Z N O E Q U B O U C T
B N N T A Q N Q A R D N W T F K L W C B Z F
U D T C R O G A N J X K Z O G O L B D C V M
J P X U T B O E H L U D N P G Q A Y E H F
Z Y R O V Y S E G A L D U D W F W K P Y C
R K W F S U M L V D R B Y K U F O Q P S J
O B M X O K L O J K K H P Z C S F U O W U
Z W R I H A Q V Z I X O Q N B E V E J Y G Z
```

EAGLE
HUMMINGBIRD
PARROT
PENGUIN
SEAGULL
SWAN

FLAMINGO
OWL
PELICAN
ROBIN
SPARROW
TOUCAN

Toys

Can You Find All The Words?

```
W F B Z E L A U M T A O D B H B N B O L F T
H Y P O X N M U D E R U G I F N O I T C A Y
F O X F J A B T Z H Y I W G D N J L L J O L
R W H E R E I N J L K C P V P L O F X Y M L
E U U B T R L X D A C M N L H Y K M K N F
A S L Y O E D K I M D A D B A H B C Z P X
B E N H Y N M A U C P I R X K S P H J L V J
S Q H M G X U L O I E A H R P Z I Q F O X D
C R I E O J W N T M X H L J T A U V X T A Y
W X J G M Q S M A L H Y D Z Q U J C X G P I
D R X D Y O Y G T N E O R A H N Q P E L L O
G F L P W L T K O F Y Z P Q K S W V C A J
J Z U O J R X K E J B O F K R W Y B V M Y S
P L C O A S Q M X D E O V F D C Z R B O H D
D S V O L X L P B B D B R R U E S L E N O W
M L B W F S K U U J E Y A K V P O E D I U M
Q O L L N I A R T F M V B O U C P K S W S K
P U P A B W N E C Q B U F Z K G H H X E P
P I W I B T C G J J N F Z S R T V A W J Q C
F T B N Y O V W Z J E L I E R D S X N A W B
M N Q Y E D N Z N Z E M J M I R G U U Z H D
K G L B K N C R Z U Z W E S U O H L L O D L
```

ACTION FIGURE
BLOCKS
CAR
MARBLES
PUZZLE
TEDDY

BALL
BOARDGAME
DOLLHOUSE
PLAYHOUSE
ROBOT
TRAIN

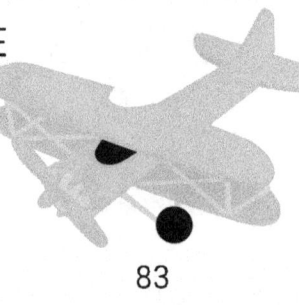

Shapes

Can You Find All The Words?

I	Y	Z	O	T	K	P	V	F	S	F	S	W	J	D	P	A	F	R	C	Q	C
F	A	V	X	T	N	L	Y	T	C	P	M	W	T	X	X	A	P	R	P	H	C
G	B	E	I	C	Z	R	W	A	L	T	O	U	M	B	C	A	O	F	X	Y	E
I	I	Y	D	I	G	Q	S	P	D	I	O	Z	E	P	A	R	T	G	I	D	M
P	A	S	I	R	G	B	U	T	O	C	L	P	T	E	Q	O	V	L	J	K	B
X	D	D	Y	C	U	X	V	H	B	L	C	C	O	O	W	Z	L	S	G	S	M
P	V	X	V	L	I	Z	O	M	S	K	W	D	K	U	U	M	Z	H	C	F	Q
A	O	N	Z	E	H	X	N	K	Q	S	T	A	R	P	T	L	B	X	X	Y	N
J	T	T	G	F	B	R	Z	Y	E	L	G	N	A	T	C	E	R	U	Y	W	Q
I	E	L	R	H	A	U	L	I	E	O	Y	O	N	B	B	O	G	M	Z	M	L
Z	K	C	T	I	E	W	A	A	O	V	P	W	Q	I	Z	F	E	D	P	C	R
I	Z	L	K	H	A	A	E	D	N	A	Q	S	R	T	Y	A	J	Q	M	X	R
G	N	T	V	H	Y	N	W	X	R	L	J	I	G	N	H	Y	H	Q	K	V
Y	N	Y	H	F	P	Q	G	I	Z	V	P	B	B	R	O	O	X	E	P	R	M
Q	O	H	T	E	X	U	V	L	S	P	Q	D	E	S	T	M	G	I	T	R	P
E	G	M	M	G	X	P	L	K	E	R	J	G	S	R	V	X	B	A	T	Y	D
X	A	Z	H	I	P	A	Z	I	G	F	L	O	H	V	A	G	C	U	T	X	I
D	T	Y	T	Q	J	Y	G	M	F	R	W	C	E	W	U	X	H	S	C	C
Q	N	O	T	U	Q	F	K	O	K	C	I	Y	S	I	C	Q	Q	J	L	V	O
R	E	C	P	F	B	O	Q	L	N	Q	H	N	I	N	L	U	J	T	V	S	S	W	S
I	P	Q	G	B	T	V	U	S	T	F	B	M	G	N	W	E	G	B	F	R	G
Z	K	O	L	V	C	R	W	J	X	Y	P	J	N	X	X	E	U	B	T	L	R

CIRCLE
HEXAGON
OVAL
RECTANGLE
SQUARE
TRAPEZOID

CROSS
OCTAGON
PENTAGON
RHOMBUS
STAR
TRIANGLE

Chemistry

Can You Find All The Words?

```
O U X V W A Y D B X C Z D F Q N Q A I X S Q
Q P R X Z T N I Y R Z J P T X R Y F F A P
B J B H Q S W G E K D G J X V A Y S E D Q Z
J S X C X Q V A L K O C H V C Y S B X F Y U
J U P P I M C G U U M V O Y T T H F S X A
M J H T L T A Q J R M L D W M X E E E V M Z
C T D Z I K E D D O W S U H S Q F R P G O
B R V O W L C T L A I J P X Y X M M I T G G
A R N X E O N E E A O C N U I T F N M L R G
E L V M L L C L A C G L O O N W M B E H T D
A S E M F U Y J A Y H W A M I I W V N J I Y
O N K C L W C Z P N G Y J B P T H Q T C S R
T D R E H Z G W M M H W M G O O U H A Q V W
A A I U C V D V O Y G S I F A R U L F Q G M
X P V U H I G T B H R U K S P Y A N O Y I E
C Y H Z E L A X M O G W D F R V S T D S G X
W X H Y M H B V B O N D U V E X H D O C N R
T L W I I U A U I H O O R N H D G Q S R F L
N I B T C P S W T W Q H Q X L P A K A Y U
W N Y H A Q E U X Z L R J Y X U W I O S U Z
Q Y P F L B C O P M A L J F J L I E A C V C
G K T C Z F H I Y W W D A Q O D H J K A D K
```

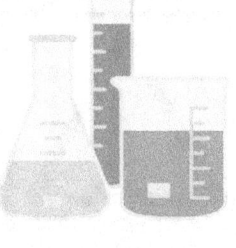

ACID
BASE
CHEMICAL
ELEMENT
LABORATORY
REACTION

ATOM
BOND
COMPOUND
EXPERIMENT
MOLECULE
SOLUTION

85

Animals

Can You Find All The Words?

```
C R I O D H H V Y Z U N A Z C C Q U K M A S
W V S A A A E A N X A S Z P S C S K E C X W
X I V A D N A P D G B E D L F A H N S J C M
X G O J M Y Y K O V Y A E I B O B U R C J L
F M H B Z Q W S A D F F K I E F Z E B R A E
B N K W B Z U Q G N F C Z G F W N X Q U C K
L X I K A M H A R A G L Z Q D U Q V L B K C
G I P H U C R R R S G A X K T C Y J W S Y H
Y I S V P A Q I U L D P R X Y E U W A P N R
G V Y E E L G Z Z D U C I O E L B J J S A J
E R Q E N K O A Z M Q Z Z X O E I U O U Q U
S M O T O I T D R M D Y R G Z P O Y Z A B N
N S O B I G K C A R I B X P U H Z U L Q K I
D K P H L A E F J Z B V L H H A S B O L R J
F E B U Z Y Z D H E O H M H M N O Z J J G J
B I M R S U Z A W Q Q U O R G T T W G A K X
H B Q L K B T A K A B Y N E V U E A H O O J
G F C F X L Q E F U N O K G Q S F S A W O T
L M G E W I Z G U A E F E I Z A L L J U M P
J O X A E N I G X K P Z Y T N P A Y T H M L
J V E G X R A V N Q P E N G U I N T R P D B
G F R M A R W U C H G F W N H O P X B J W Z
```

BEAR
ELEPHANT
KANGAROO
LION
PANDA
TIGER

DOLPHIN
GIRAFFE
KOALA
MONKEY
PENGUIN
ZEBRA

Famous Landmarks

Can You Find All The Words?

```
H K U J V X R P O D I R H H D Y D V E E Y L
G N R E W O T L E F F I E L M S J U Q P O W
J P V Z P T O Z E O P X J W F R C V B Q A F
G Z E I J Q H B K L S Q V O I C W Y E B J
D R J T H R F U H P K S T Z J H C R F I F T
C Y T E R Z R R N G R W D T S H C P G U N H
C T R F T A Y J Y O E R N S R D I E J D J
G D G L O H B K O X M V E E D J A A Z D G M
D T K C D O F H D H L O X H B I W F R D I Z
E A R P R G W A A C I C I K C G M R V K M P
U J L R W Y P L E Q N R Y K G M I A R Q V
C M E F E I V H S I B D A K G B R V A N
W A W P M D H F S Z L H O G K I I C F M Q
J H E C Z D A A E E K H Q M B J G T K A P I
F A Z S I J W P Z E G B I N N S B A P M Y L
W L G O T C J X L O U V R E O S G O V C S X
V A T I C A N J M D O D E C W L G S C M H J
R R X S T A T U E O F L I B E R T Y D D W I
B A E Z X M L E H H R N H U Z M F Z X T Y Y
U W I C W M I J U F T N U O M M T C A X S Z
F D N M A C H U P I C C H U G F S S U S U R
Q S V M W Z L R T X I H V T I E W A H T I N
```

BIG BEN
EIFFEL TOWER
LOUVRE
MOUNT FUJI
PYRAMIDS
TAJ MAHAL

BURJ KHALIFA
KREMLIN
MACHU PICCHU
PETRA
STATUE OF LIBERTY
VATICAN

Earth

Can You Find All The Words?

```
K E S O Q S Z Z G F N C S C T G O E N U K R
H R R T W E V P Z O P P U L L Y F N I W U V
K M D E N H C W F M B X U H E H D N C W M
E I L H H E D O D E Q K F V S W C I W Y C O
Z S N P S P N V S D B X S Q P F W R A H J J
X N E K N W S I W Y P B F N B Q V O W P W I
R A R U U F T O T C S C O D R V B N Q A B T
I W E I T G F C I N M T E S W N V M Q R T T
U D H A S W Z G T B O I E R U G O E P G G W
W Q P Z I Z X N O T U C E M P M S N D O D W
F Q S Z Q K C Q X L A N D H Y X T G E T W
A R O K X T C B M T H A B U D Q Q X W G R N
K O M K R C B P E O A E J H Z F L B E Y E R
G E T I H Y K N Q D U D W P Y X K C Z F T H
L T A V U V A B J S T N D I D B O O W O X B
J H K S J L I X X N T G Q L P O U B N W
J S P T P D S Z A J Q P A O O O G A H Z R
Q O H N C O C P T E F G I G I E G R C D F
H V K G I G P C J C V L Y J X N A F I B B S
C Q N L K W E K B O S J E V K U S T K K H D
P R N D I V H E V Z I I M O W A M S U F E S
A T Q P J M A H V L T C V W R P V L L E V Y
```

ATMOSPHERE
CONTINENTS
ECOSYSTEM
GEOGRAPHY
MOUNTAINS
PLANET

BIOSPHERE
ECOLOGY
ENVIRONMENT
LAND
OCEANS
SOIL

Photography

Can You Find All The Words?

```
I K A J Z X Y F R J O B U N Z N Z Q I F S Z
S Y A Y T R A K X W Y G P E C I E J U W M G
E E P R L U L N N E R E A V O P E V J O X V
U E X Q U W E C A E D H V X Q O D M U G U H
C E X C E L N W T L O B E G G O J F B Q U E
U B R P V Y S T C Z H K G S P F X Y C M E
I B R U H D U V D O S O T I H L U M V M I V
Z R X I T H W Z M C Z D R Y G A Y R L S D I
D F S K S O K O Q U E T Z E T S O S B Q O U
G W X U R M P N E P Y O X Y C H C C S Z Z Y
X M W Y C R L X D E G L W L B Y S A F Q J
W A Y P U O L E E E A C K P G M G M N W L E
D T N L M P F E B U A G D G G M O E G J V Y
G Q E M N I C Y R E J Y E H D N I R M C G G
I Z O O M P M R Z R U T W C X N D J A P L H O
A W R V Z S P R A Z T E K G H B T X I V W P
E P E D F G T Y O B M R N S G B C G E N V
L H T V I X Q L O J D W E J O C H R K F A
G X L I L N O L Z V N N I P K V K K F O K L
D Z I Z M E H V X D F O X O A K W B P A I Q
M O F M S L E M K V T C B N Y Y E K Y S Y C
V D M L J A O J V Q A Q Y D B T N O V N A Y
```

APERTURE
DSLR
FILM
FLASH
LENS
TRIPOD

CAMERA
EXPOSURE
FILTER
FOCUS
SHUTTER
ZOOM

Writing

Can You Find All The Words?

```
N M Q M J E Y Q E R M W J K Y P N L U R P Z
H L A I Y D W V O P A R A G R A P H X H Q W
U F P P C E H Q X Y Q O Q Y R O T S J S F I
D K Y L K C P G D V J I S V W L A K O B Z X
Q I T T D U D H F H R I Y L X E L L R F U W
J G B R E T C A R A H C K D Z V Y R K L D I
H A Y L L F V P C P G N M F F O N E P X M
B B C S Y V N D G K J P J F N J P J K Q O
Q C S S Q U N J Z A S S L E B H A T B Q X M
J D E D K U Q G W O G E O O V P H U Z U M B
Q G S R B M L A B N V V T L E U E A N V P Q
M N E O H D V R I Q M G N R B L O J N W Y L
H G T W R L Z T J R O H T U A G J A G W Q C
F N B A G H I G C H W S R W Q R O Q K E H
X J H B I D B B W R T D W R Q R E Q X M R T
E S F B E X G C T T R H R A A H U S K M B Y
Q G O R X M O G J H H F T T Q D Q V F H O P
P G Y Q Z V Y L J O J A I J A V R I E Z D U
M N T Z U B Y X X P X V J M K M H C S A T E
X A H E X U I P H P E U X U P Y Q R E C T K
E L L X J Y O C I S G P N G W W N T F A R D
W C E G A B W Z R F N M D P P A S R Z U X U
```

AUTHOR
DRAFT
NARRATIVE
PAPER
PEN
STORY

CHARACTER
EDITING
NOVEL
PARAGRAPH
PLOT
WORDS

Greek Gods

Can You Find All The Words?

```
X M A D E M E T E R Y N L C H Y G B R O B Y
D I Z Z T D B C P O A H X A E T K D N W R Z
S O W N Z D S T F A I R A T C Q T Z D M J N
U O U O C E R H U R G O T X Y H M N S X Q
F C A M E X N I E R Z K A E K F W P D R Q
I U N A F U O J I R I T V R M U B U Z T J D
P H E W N F V G O H M I A J U I T A M U P U
X S M P D E D S L U A E R Y A N S I F O T G
K O A T P K H H M R W D S B S B S W S U K C
J G C M J Q A T S D R U E S I I X E X J Z M
F U O A G P W P A Z I S S X C I T V E B C
P A E G L N J O L L O P A A F D P B M N S E
G N V O U A T D E A F O I H O V Z Z X C D W
N F S M M J G I H U P K O N F U O W B T J U
H H A T L X T O Q D F H Z G G M P Z P H J E
J Z V R O J Q N B C V Y R R Y D K L J U N Q
L C Y N E E M Y S X U Y C O U A K U A X A A
G D Y F K S H S Y R C A M D D E S T X F E
S D Y V T Z Y U H P F U O P U I Q I U J H K
T I P O C N M S V N J E R P W Y T C F E W G
O A A B Y E C F A R O N Q Y V E E E S U Z S
U Q U O Y O I L Z V A Z K F V L V G X N C U
```

APHRODITE APOLLO
ARES ARTEMIS
ATHENA DEMETER
DIONYSUS HADES
HERA HERMES
POSEIDON ZEUS

Musical Instruments

Can You Find All The Words?

```
Z A O K P J Z N T U Q M W D C P L W Z K R Y
O E C I R E E Q L S Z H H T R U M P E T L F
Q V A Y Z X W E T U L F E G S Z S P B Z D Y
P F Z T Y Q E K N X V O B Q N P I W G Q Y K
H T Y C L D D J A E N Y Q V I A I K N Y T X
P U E C K A D D N T U Q K X N J Z T I Y T Q
Y A I N R O I P U M T B D O I Z B Q L V H
P Y K P S L F E F Y W F L E M Y K L O L W V
A M I U O U S C B X T E N I R A L C I B G A
Q L F H T K E A N M L K L Y F I H W V P E C
U T P G U L G O V N A W F P C K Y G E J H F
O T H J L P J A E D R H A R P E L F M Z Q G
D W M O Q N E O E N E D R S W Q F G P V K A
K G R M A F X L K V O N R X H Z Y K G E Q M
L U R B R N I U C X I B O A V Z M R O S N L
R Z V B Z L D A F S O V M H B O F W Z J N
L Y O I O L R N F E W Z O P W M U L E Y A
X E Z Y L M N A Q E S S R Z R O Y A K W Q O
B G K Y B U V X T H A V E G S T X G V Q D
A M M F E R Q I K I K Z N H E G H A I O F G
N U L J B D R L F E U H M D V G E P S K R T
Q A K H Z N I U O T F G U S N B V L A O F G
```

BANJO
CLARINET
FLUTE
HARP
SAXOPHONE
TRUMPET

CELLO
DRUM
GUITAR
PIANO
TROMBONE
VIOLIN

92

Periodic Table

Can You Find All The Words?

```
S P E D N W V I L Q T N G X O S Y X E L V U
F B I J M G M Y B P B L B H H Z J Z L L X V
U X M M L H O C V O O C Q Y X O G G I V H X
X T S C T W A L F N R K U I A R W T M R H D
L J L Z W R Q J V H T O N N G P H T H Q G W
Z L B P B N Y G R X Z N Y M I L R Y O U Z
D K O O A K V B X Y A Y V U T G N D J T Q
P H N U S B B E Q H T B M A J G E R M A G
F O E U Y L W G T H S U Q O O T G O I Z I
J R R L Z J S M K D J K A Z N Q Y G N I T
F K S G I U W W V I F P Y Z U E X X E E F Y
C M L Z U U T S J V A C W K F G F O N O L T
U Q U Y T M E R X W Z G O V O N U S N T A
N K W I D C S C H X G B F R T G S I N E
M N X H D G E J N O P Y W A S T I P B Y G H
D X G S E O K B Z V F C H A I T D S S O X
P E C U P S S S P W U R N O W N F E Y B U S
H E I G O J H M U I L L Y R E B Q R A S S Z
H E N I R O U L F M E D C O G F C D U P R
L E C T B L A M F Q G M J I A M W I Q Q L W Y
X U R T I A A O O M W G M A G N E S I U M Z
A U M K E V Y C R O A Y G G O I O O H K N I
```

BERYLLIUM
CARBON
HELIUM
LITHIUM
NEON
OXYGEN

BORON
FLUORINE
HYDROGEN
MAGNESIUM
NITROGEN
SODIUM

Human Body

Can You Find All The Words?

```
Z C G D X G Z S U A U Y X O D D W N O N N K
Z F S D L U N G S V D V O R L M S K E M W F
S H S S Q X T L E P O M X H N L C N W N C I
G R H D B O N E S A O D K E A T L R V O P X
G X A N V A G U I P L R E A M F W G X V H
J W E E F Q J M G I B R C D U G U P A G J I
C O B X F H O M V H L V L U I F K N Q A H R
R Q Q I K P H U J M T N A M P C G M W B D H
O Q F N D I P S Y N M U H F E M M A M Y O I
K O S L L M G C U U Q N O L X D G K B L N N
R S Z D U X F L I S A I C M I T W X X A F I
J B K N Q C M E D A S K J Q X W M W S C W O
R W S D V V P S G P W S W I Q A T M W D H N
V N V N D N Q Q C B X I S X V H O C Y V I
H K Z M N Z V A G P Z F V Z C K Q E C R U A
K R O J D E F V S M R V Z V R G I K A K R R
S C J S H C Y O T A E B I D W J C K P R I B
X Q E I V P X N E I Z P M R N X N Q W Q P J T C
S H X O L O H R S M J O O H S I V D A C Q N
U S L S S S W P Z Y V O K E Y I B Z I B Z
E S E E Z A N C A S Z C I L S E A Y H O Z U
W E H W U G R Q X G I G Z D F E B E P B B A
```

BLOOD
BRAIN
EYES
HEART
MOUTH
NOSE

BONES
EARS
HEAD
LUNGS
MUSCLES
SKIN

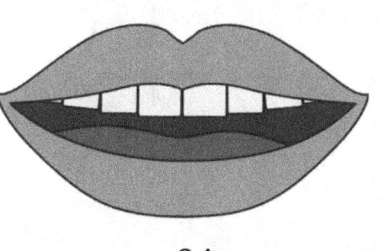

94

Mathematics

Can You Find All The Words?

```
Z T E Q X B G S O Y L N D V V L B Q O C M W
M E L V M P S J P A E O A N A I S O Q L Y S
U W S V I Q U O P H X I F R R Q T G O Q I F
L F Z I M G L B Y Z X T G A I R N Q B C F M
T W C E R Y A R S K I I C H A H J V F Q N K
I W B A G R N O H T Z D F M B A V S L P S C
P L P O C R F O I J V D X U L N D Y N O U G
L H N I C S S Q O H F A Z X E U S Z N X M W
I E N E H Y H M H G R P D T V C W Y G W L A
C L D M M L T N S Y X T W N D B U V E L Z U
A S O W K S J I U G Z X J B I K F I N A P D
T Y X J O P R M B V N B W J V T B V E I E D
I Q M X D Q F M T D Y O F B I X F F H C X J
O T H U H E C H R P G C I A S M O Z I N M O
N G D W K L S S A K A Q B N I T K M C J K K
N Y Q R C G N U C B T H G I O U A Y I Q W L
F W U N H N R U T I R R Y K N L K Y E J D H
B T E T L A I X I S X E M X B Y M Y W L V A
K F F R A C T I O N F U N C T I O N Y Q Z L
W P U H G M V N N P T O Z X X F Z X Z W F
A D X G J Y E G A S K Z L C Y A H V L T D R
N O I T A U Q E I A G Y P A N W Z H F W H C
```

ADDITION
DECIMAL
EQUATION
FUNCTION
MULTIPLICATION
SUBTRACTION

ANGLE
DIVISION
FRACTION
GRAPH
POLYGON
VARIABLE

Farm Animals

Can You Find All The Words?

```
O L J M G W L S P C X L K Q V P W H X O E N
J L C W N M B I Q H E D P Q O S I S L L U B
N J W B A R T Y C V Z K O N E M C K J G X D
J Z Y V Z E K C Q F K T U F N J L G K N U
J B L U E F T X N G D T O J E B F Y D C K T
P W O L U J G W C K Z D A K X M S O Y N P V
F K R U W Q D F Z P M R C O Y E K N O D C G
O Q G T E Q G O A P H I D T G X O C Z C T E
R X A Z D C D A R U H S U U X H D A H W O C
D E V R Z U E S I C J R K I C P R L B U J P
M P Z H C Z Y K L N K V G O T I G G N Z O C
Y J S K Q U Z E R E Q L R Q O G K O Z O L F
A C S B M I V V Y A F Y T D D A Q I E S F Q
Y Z G R H Y M Q F T I B B A R L Q H P I N
K H O R S E G T Q F D Q N M O G T Y X F W T
C C B D A A C A P L A C B R B Y K U U R S Q
G K Y Q T Q W T Z P K C N A V Q K O X H X
H M S H O B H I E M Z E P K A M Q F R E Y
X Y R K O V F W U F J D D P A R W T J E A
I J M D T J G S X V Z E Q B S T G Z D I P N
O U D X D Z E J H U N E N D O R D G B Z I U
V X Q G G Z G D V X Z H W L K D J Y S X Z L
```

ALPACA
CHICKEN
DONKEY
GOAT
PIG
SHEEP

BULL
COW
DUCK
HORSE
RABBIT
TURKEY

Rainbow

Can You Find All The Words?

```
L L J Q O M I K L R H C H Y Y I B N Q E R B
M N C N S L I G H T Z I J Q D D S A W M Q W
Z D X E S I D X O B S T K L N V W U Q H C J
F D X E E W U A L G Y D M N Y I H Q K O O Z
B T P R D G N U Y X I X G B Z E Y Q L C X Q
V R K G M R K Q S M K D O X I M D F F E S F
K B Q U G S U M T P G G T D T W Y K S K K Z
D I I Q M Y V Q G S S O A Z I L J T P C Y Z C
R M A M C A F Y M D F Q J R R B N L S V G B
W W L A Q B P K Z L W C R A N L X Z F A B
X F N T D F F Y N O V S R H Z E M B Y Z E E
I E Q W R Z H J R V E N D V T V I L U Y
H H W O R A N G E L S K Z W B Z D E R B Y Z
N O H X Q N O Q X T G Y E A H R X G B S R K
Q Q B J S L P H E T V T K Y Z R H C N I A R
U E E Z W G J L Q Q E M E J M V L I C X Z
G H C R G C O E J P L C V R C W M H T
M B B O U I J U K Y L A E K Z J T M H V K
W I D I V T F K C O W Y R G E W L X W R C B
J S G U N J A I W L B W F C Q E W E Y V G P
G B W C Y Z N I V T J B P O W S I F W V N
H X J W U N U V U R Z M P Z I E U L B K O D T
```

ARC
GREEN
LIGHT
ORANGE
RED
VIOLET

BLUE
INDIGO
NATURE
RAIN
SKY
YELLOW

Prehistoric Animals

Can You Find All The Words?

```
P A R C H A E O P T E R Y X K Z J W M F N E
Y A G U W E I J L O Z E K M X N F O Z N N
U F I C G O T A C D E H T O O T R E B A S V
U O A J D C X P L H B U G E Y B R R O H V T
K N N X M G C C I P H P L E V T W F P W H F
J I T S Z X T I P O Y L Y V O T W Q G B N O
Z H B W M P Y L U T V P P C R Y D Z G Y S I
H R E V L I D S G I R M T V I M V W B Y B Y
S Y A T T Z L J F T Y Q O B O J L V O V V W
E L V W N P D O V A T O D M D I R E W O L F
D L E W Z L E Z D N G T O C X A R W T V S A
K O R G R I W C P O E O N O Q Y I K L D I B
S O I W U V I I X B N B P F K M U L P F U
H W Y C Z F P H Z O D T K S E C S N D I P T
P J X B A P H M X A S G X K R L J Y N N F Z
E S W S M N P F N O D O L A G E M Y C R Y B
W V C Z J F E S G S K K I U T O L B X G U N
O Z D O D N P I B J U Z R J O S Q X M Q
Q W V O C F C S U E T S O E L K N U D O C D
N V M F H T O M M A M Y L L O O W G Y Y X F
O V N J M B F E C B W U C F R A Y D N F D E
R G F J D S S K L E H S I R I B D E V Y F K
```

ARCHAEOPTERYX
DUNKLEOSTEUS
GLYPTODON
MEGALODON
SMILODON
WOOLLY MAMMOTH

DIRE WOLF
GIANT BEAVER
IRISH ELK
SABER TOOTHED CAT
TITANOBOA
WOOLLY RHINO

98

Ancient History

Can You Find All The Words?

```
K D A Z J Q S W O Y P Z Z I C B S F F J L O
R H C U K J Q R Y Z G I W S G R W U Q U G W
B M R S D X G C O W T J D A R L B A W M I F
A D O H T A L B E J I E K R F R S O C R A
I C P R M O G S G V M X T P Q F H X J O Q P
I W O C C Z N H C A P U M W H O I A E P C
S U L T F O J E R W R B W V A A J O G B Z
O C I W I I L Y H O U P M R Q K O I M O V L
G Q S R J N P O M E K M A Q O X Z Q R K P S
B B U C G J S A S U N H H S S P S Y G F F C
U W I Q R N N L S P G E U Q N R U H P I
J J K J H E E G A L E S E M Z A O F Q H H
E J N C M G R E W J Q U Y E I J T F L E H P
W W T P S E B A K G W S M R L L A L H U V Y
O Y I I F I T C R G C H M I D N I O T T L
O R G Z D R P T U E O R A A Q H D J M A G G
E N U I B W G N U K O D J N A X C X M O
Z M D O P Z I J Y S O U S S U N L Z M B D R
O J S E I M M U M L N V O D Z E G E D Q E
M R K Q I X V W I I I J H E K Y S P C Q D I
N B M D B O H M E S O P O T A M I A C T S H
N G N I X J S Z R C W B S L K H Q H V A L E
```

ACROPOLIS
GLADIATORS
HIEROGLYPHICS
MUMMIES
PYRAMIDS
STONEHENGE

COLOSSEUM
GREEK GODS
MESOPOTAMIA
PHARAOHS
ROMAN EMPIRE
SUMERIANS

Antarctica

Can You Find All The Words?

```
C W K D F P R K I W P Q E P X V C O L D B L
W C T M K R N N Q C H R G G Z Z U X X C F U
S M U O Z N N S L Q E C Q J I U E U Y S O A
E Z P V Z A I I M B M B R U H I B N T I O E
A U J X L C K M S S N G H E A D X D W A Z I X
L R E E J E C E H L J A R R E W Y C Z G U P
S D L A R O R U A N M B J N G S C I E U R E
W F O X V B B C M T O M T Z M S E Z J C Y D
K I P Y E B I G M K H I W A Q V U R X P P I
F U H M Q E J H X S P W T U O G J M F H M T
D H T K R A H Z X N C D B A F I Y D N P G I
P P U S I D L V N I B N Z R Q R E Q V S V A O
E Q O C I K C T A U P E K R S O S B H K J N
X I S G H Q Q N F G Z A U E Q F L Z J T N T
M V A U F M I G V N S E P R O A Q P C B S M
N R S J T Q K E P T C N I R C L X T O U
V S F P D S Y O E P Z A D P Y X M F E E Q Y
P N B Q V B L I Z Z A R D G A C C D C M V
U F A O X M O W Z S T G Y O F X H S V Z O F
L T X E W J O S K T H P T J J A E D U H K B
J K Z N I C E J R S E M T K R J S E S K K O
L L O Z I O Q D F I B M U U V E X K Z Y Y T
```

AURORA
COLD
EXPLORATION
ICE
PENGUINS
SEALS

BLIZZARD
EXPEDITION
GLACIERS
ICEBERGS
RESEARCH
SOUTH POLE

100

Page 1, Ocean Animals
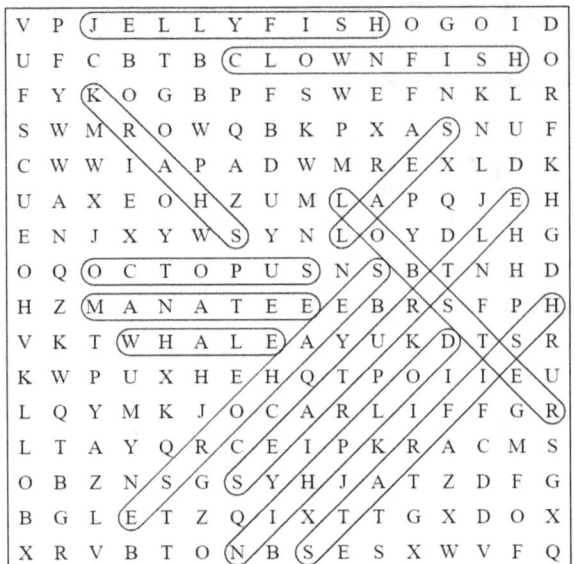

Page 2, Magic
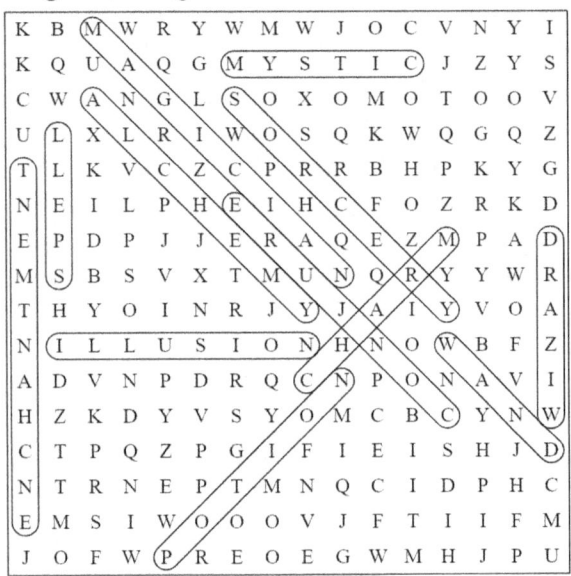

Page 3, Dragons
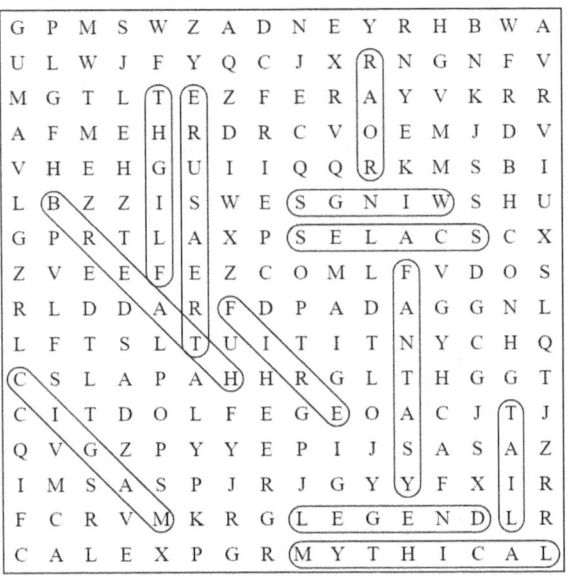

Page 4, Food
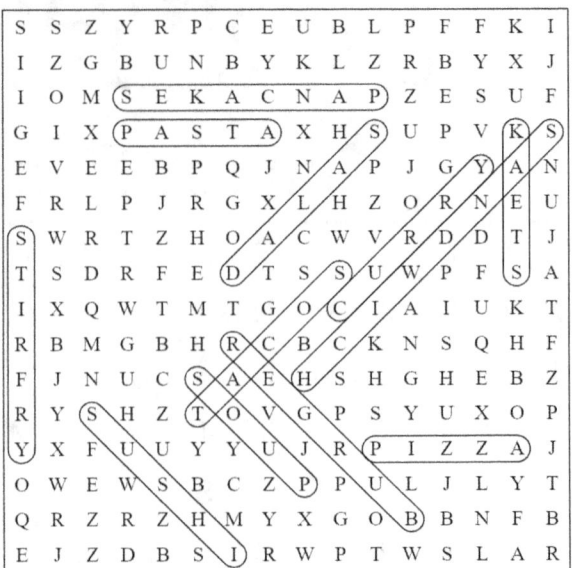

Page 5, Haunted House
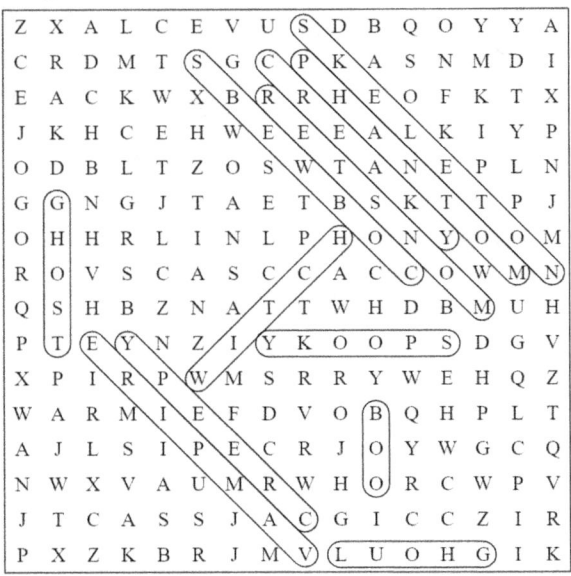

Page 6, Time Travel
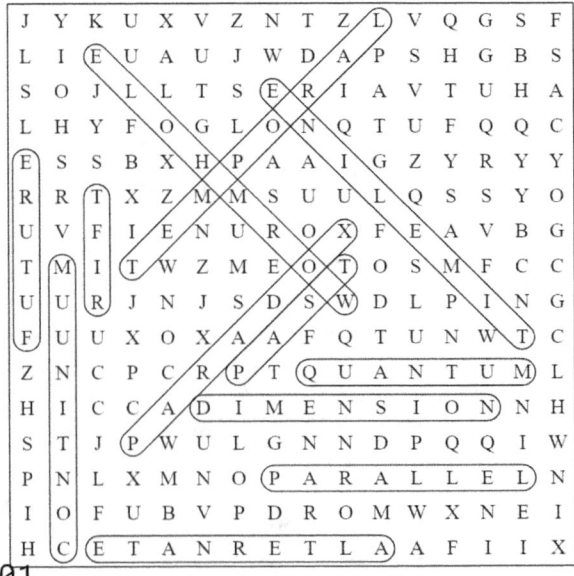

Page 7, Office
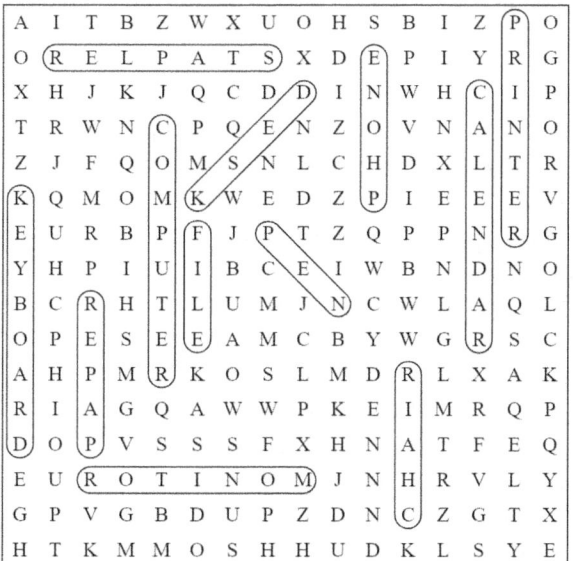

Page 8, Planets
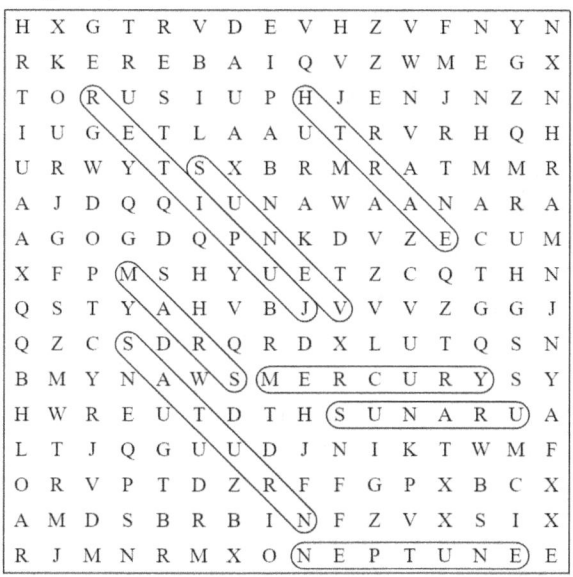

Page 9, Inventors
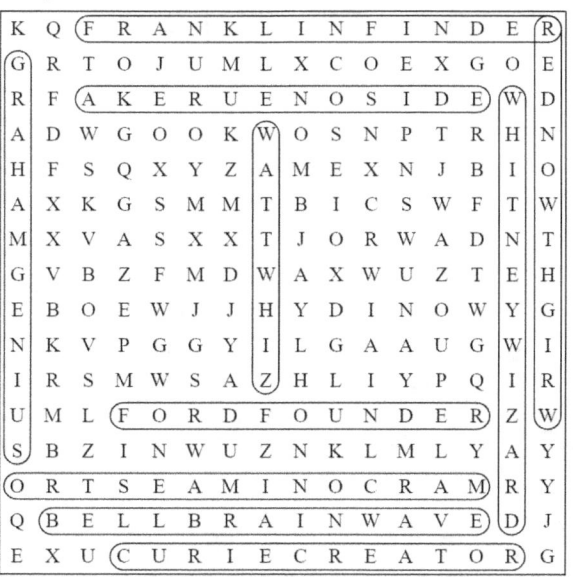

Page 10, Wizards
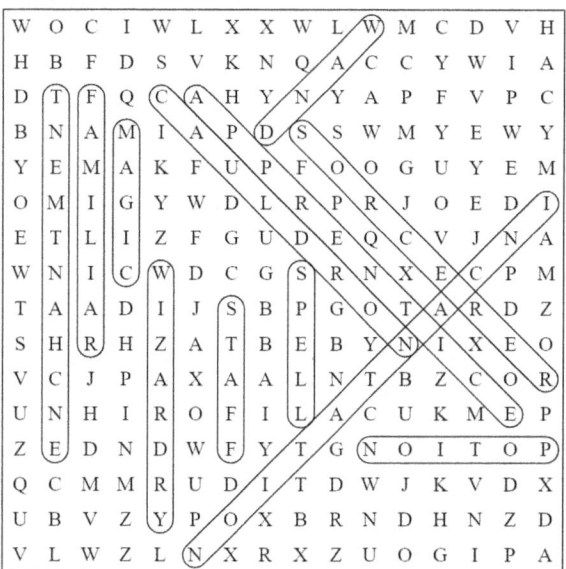

Page 11, Volcanoes
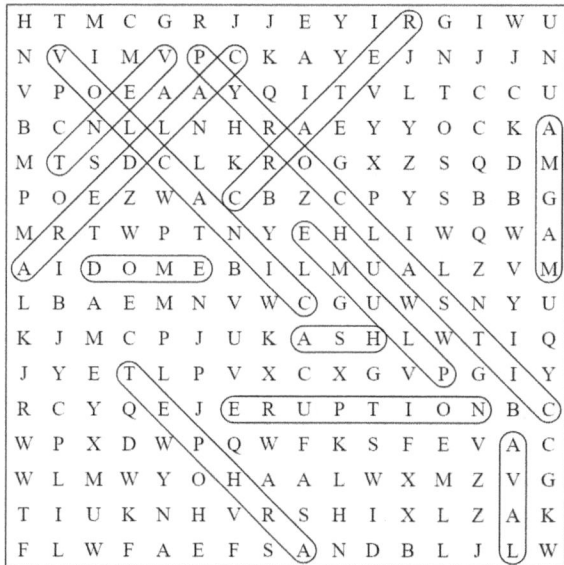

Page 12, Sports Equipment
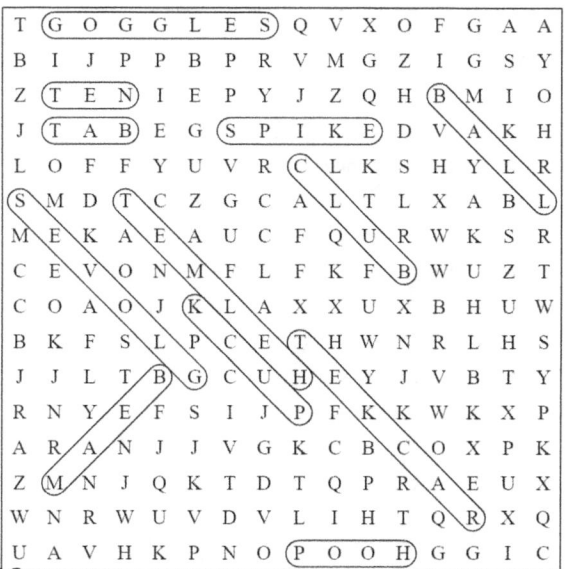

Page 13, Astronomy
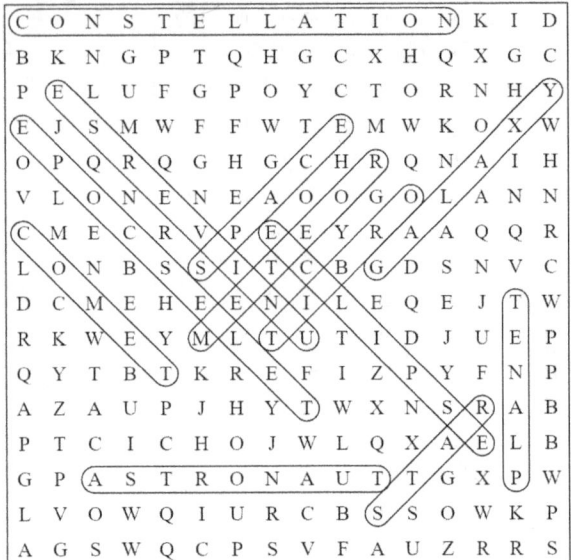

Page 14, Chess
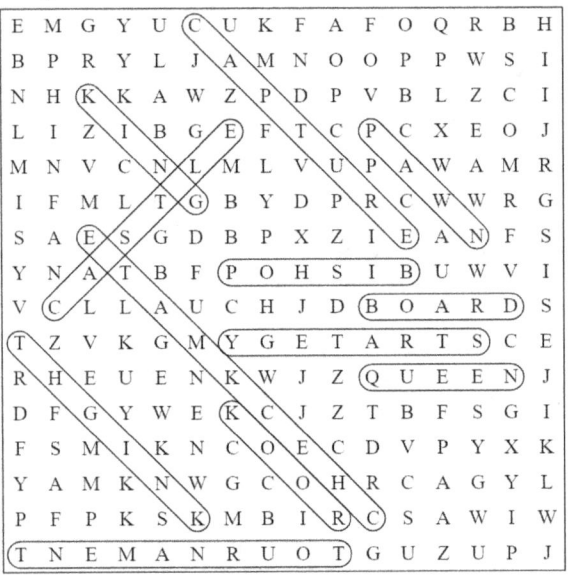

Page 15, Rainforest Animals

Page 16, Months
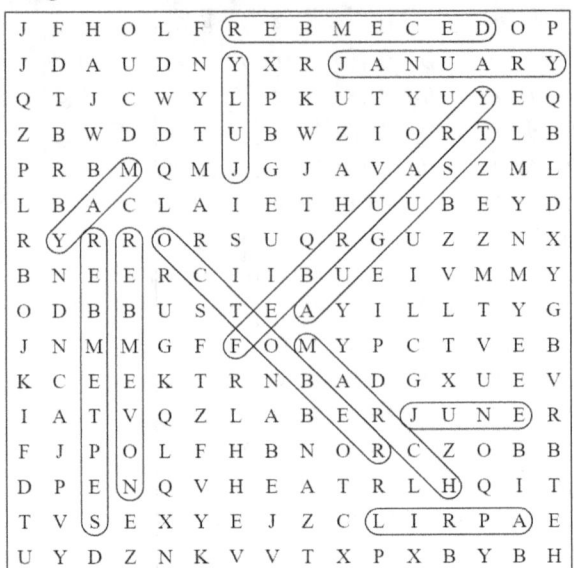

Page 17, Engineering
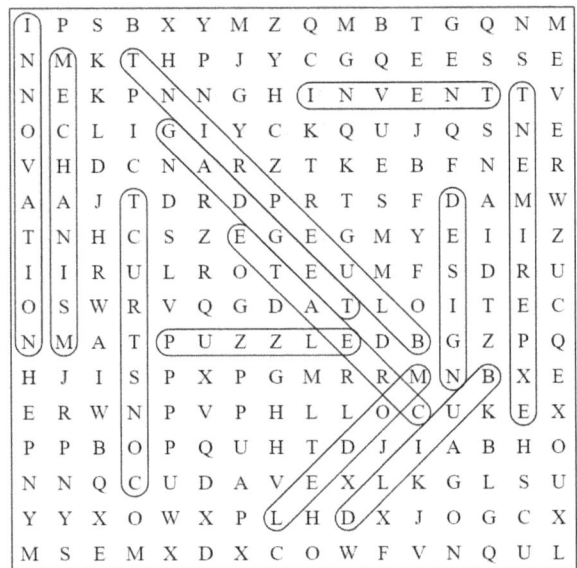

Page 18, Olympics
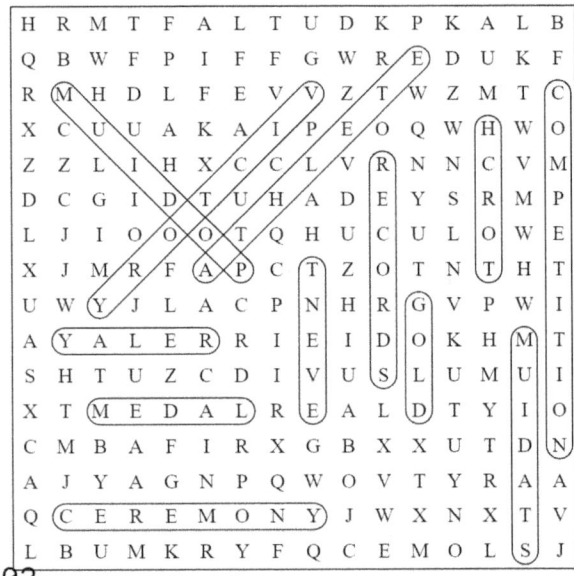

Page 19, Colors
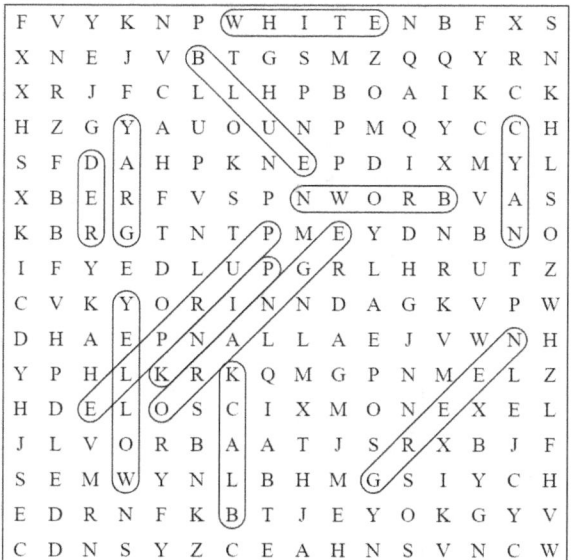

Page 20, Religion
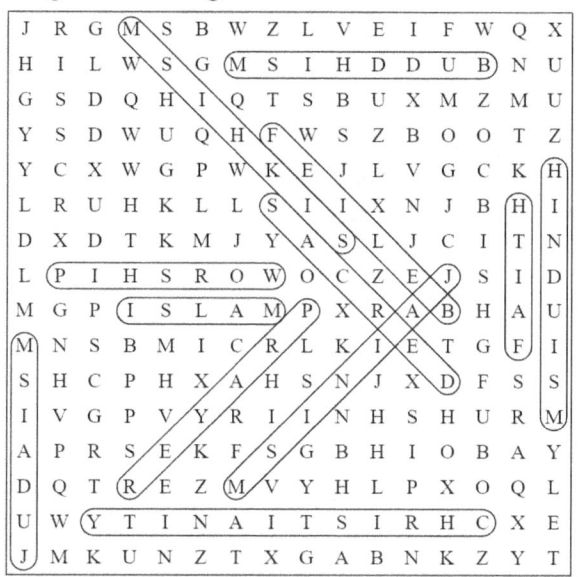

Page 21, Weather
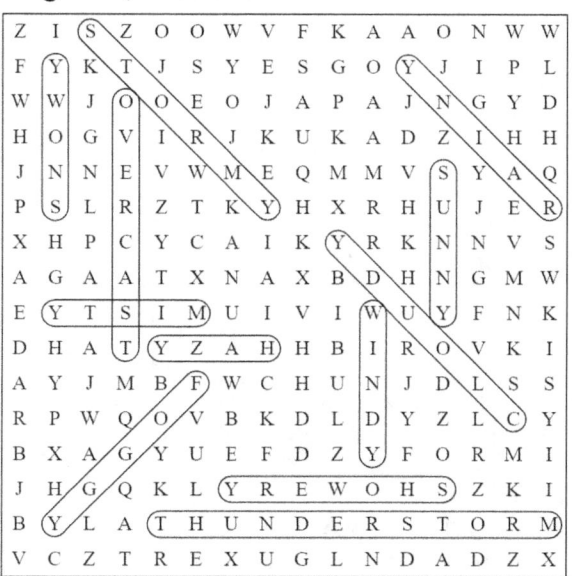

Page 22, Soccer
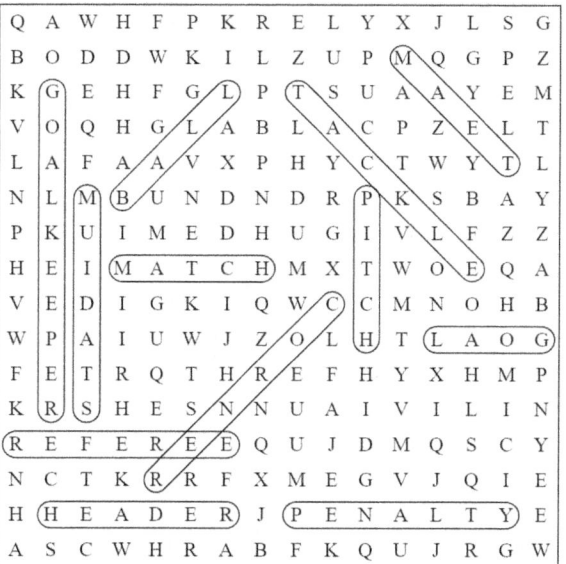

Page 23, Recycling
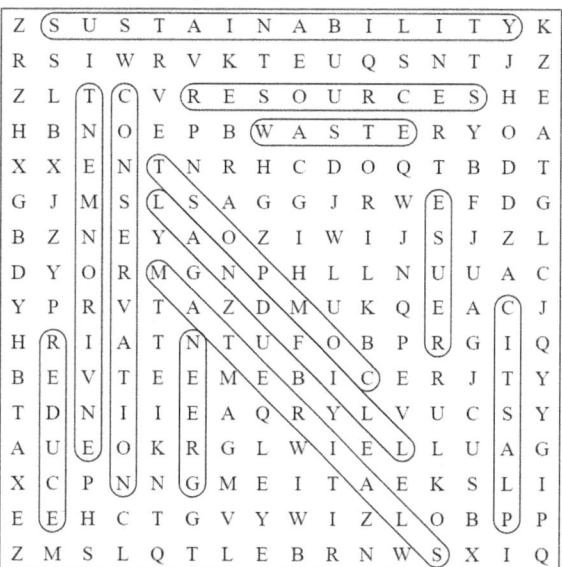

Page 24, Vegetables
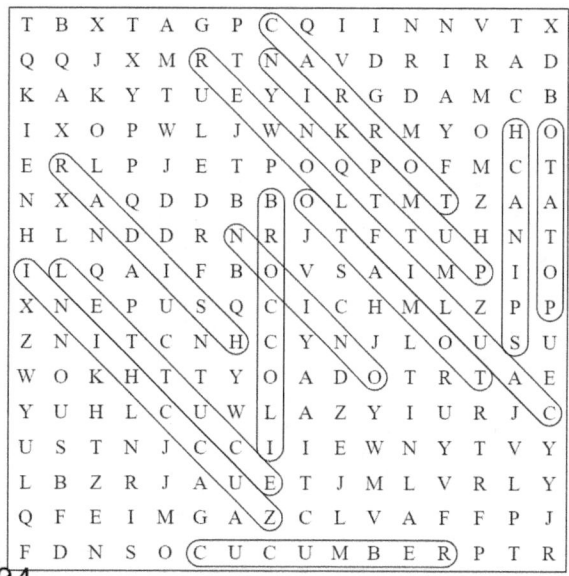

Page 25, Roman Gods
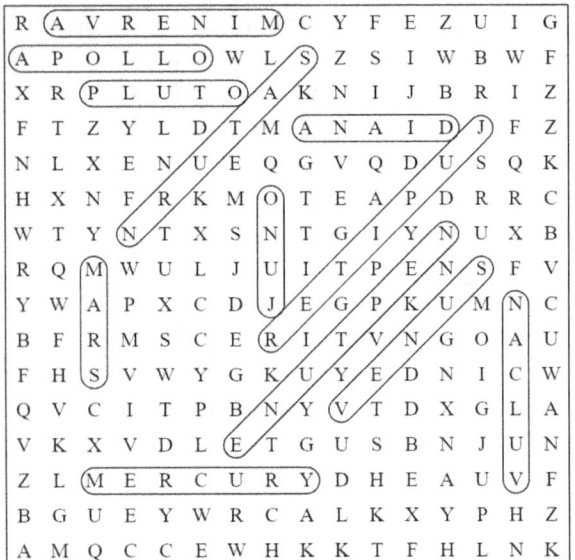

Page 26, Technology
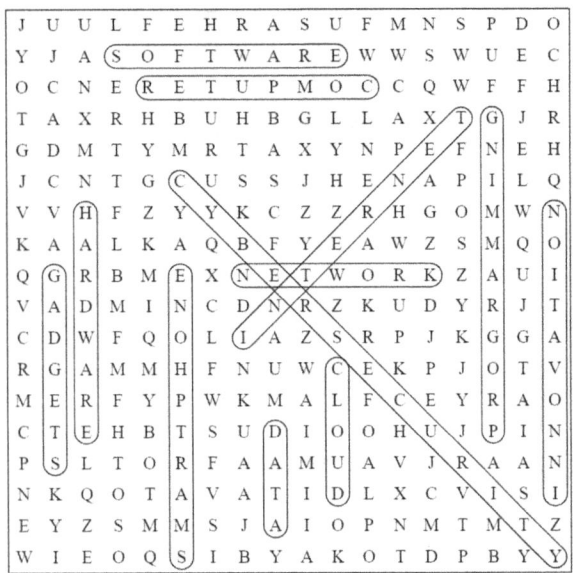

Page 27, Fruits
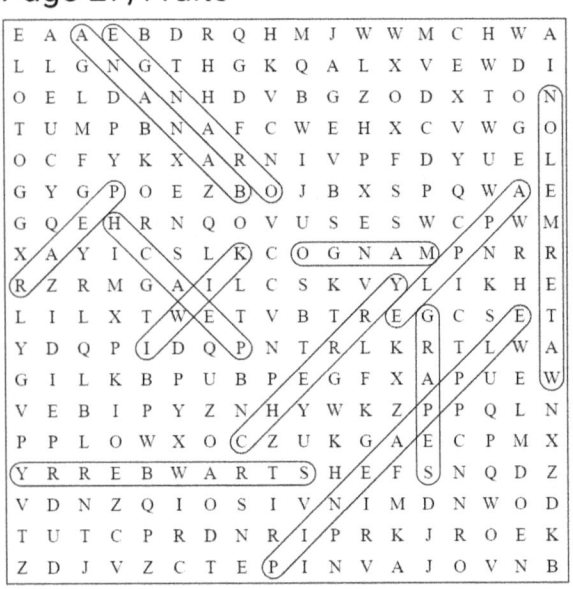

Page 28, Fantasy
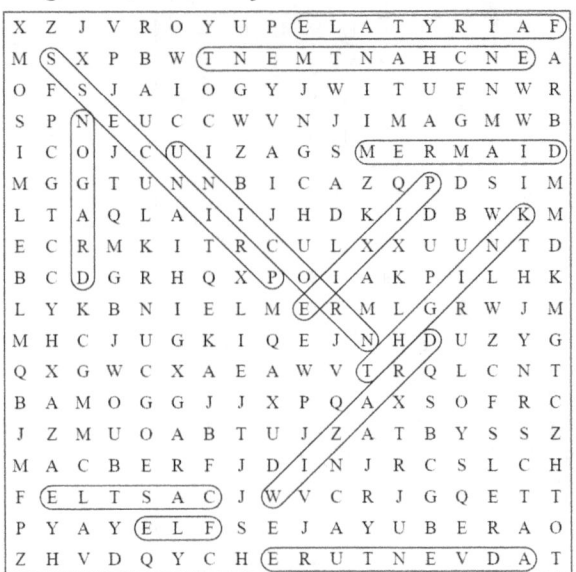

Page 29, Languages
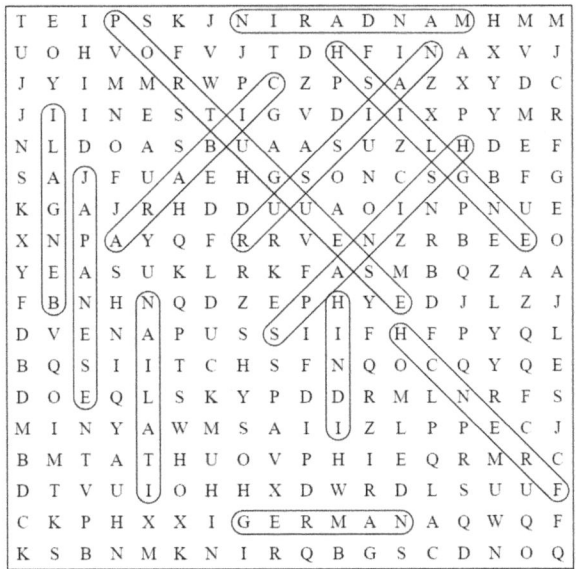

Page 30, Garden
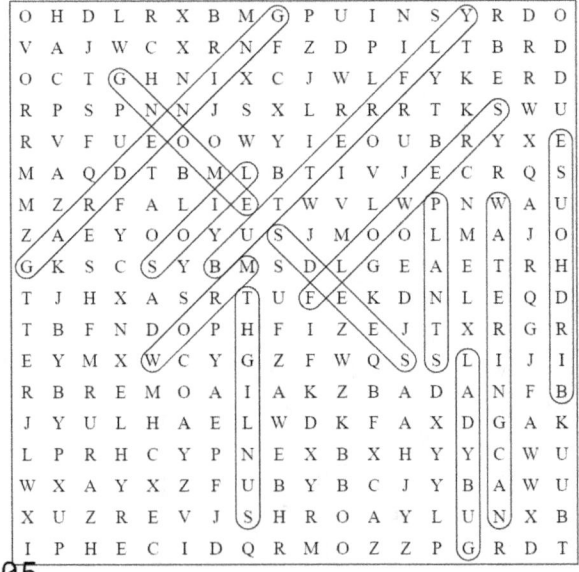

Page 31, Games
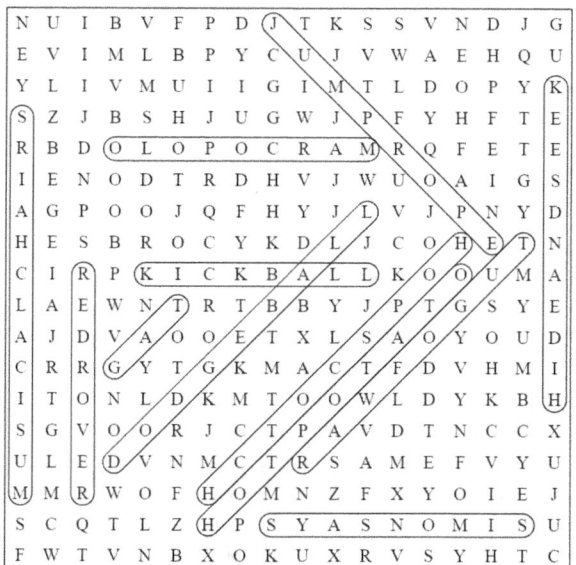

Page 32, Fairy Tales
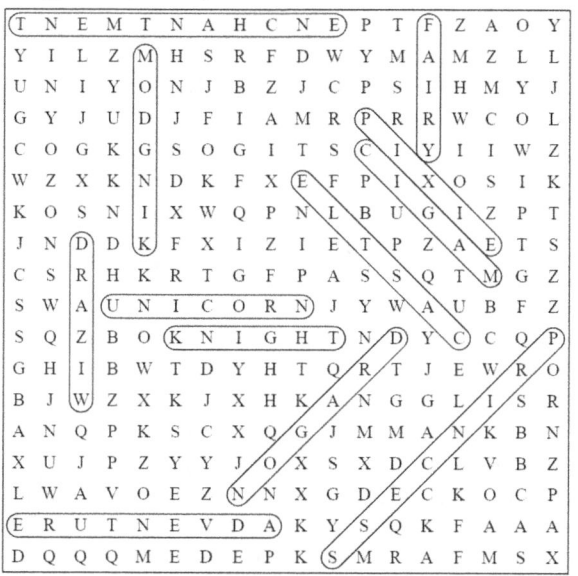

Page 33, Politics
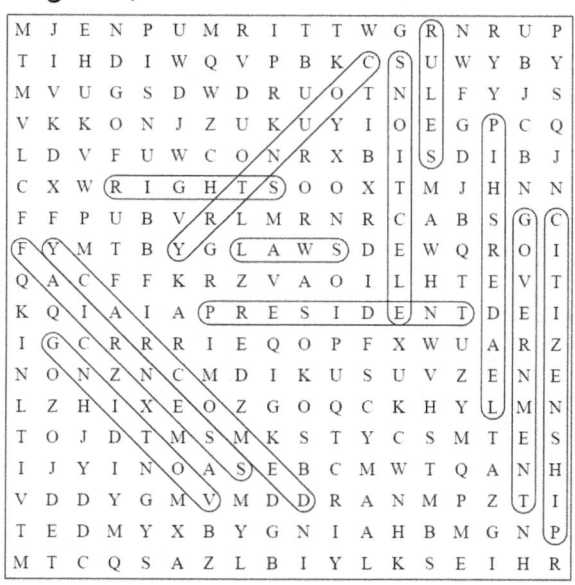

Page 34, Pirates
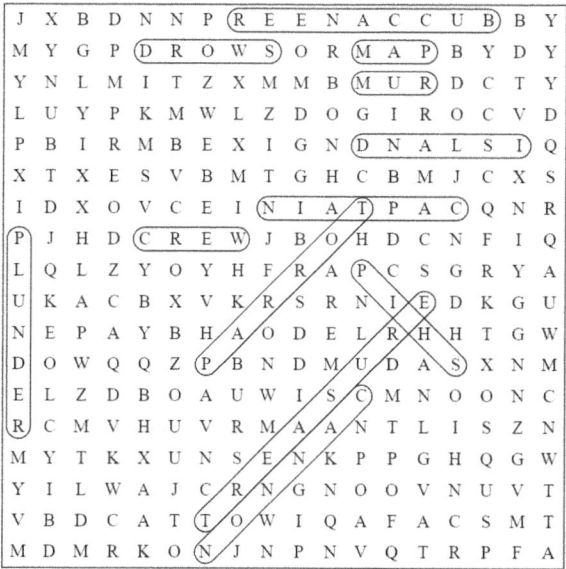

Page 35, Cars
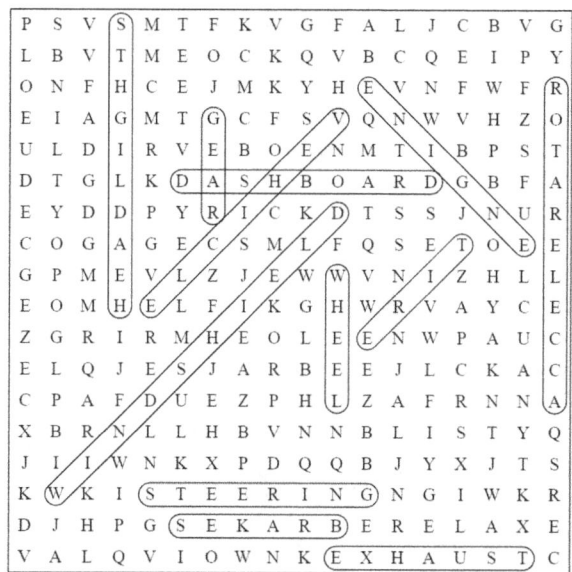

Page 36, Secret Codes
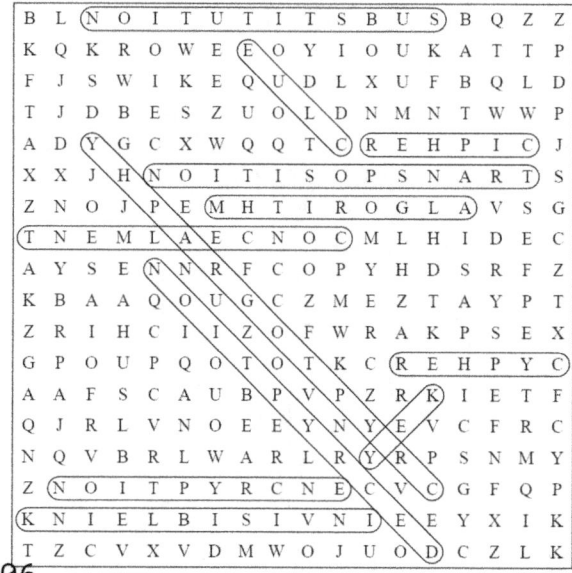

Page 37, Art

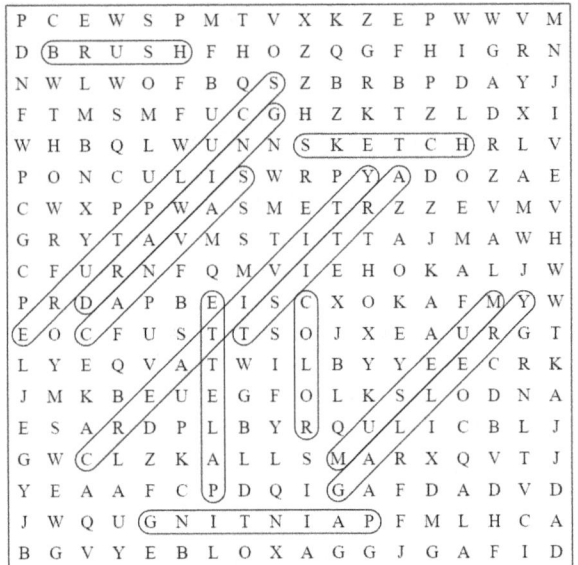

Page 38, Landmarks

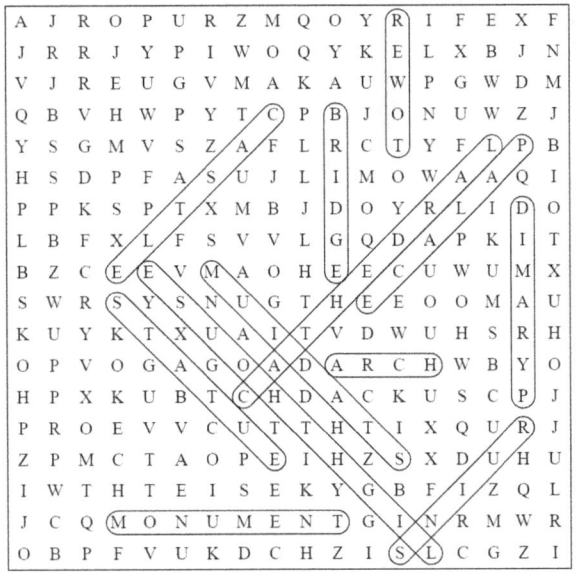

Page 39, Ice Cream

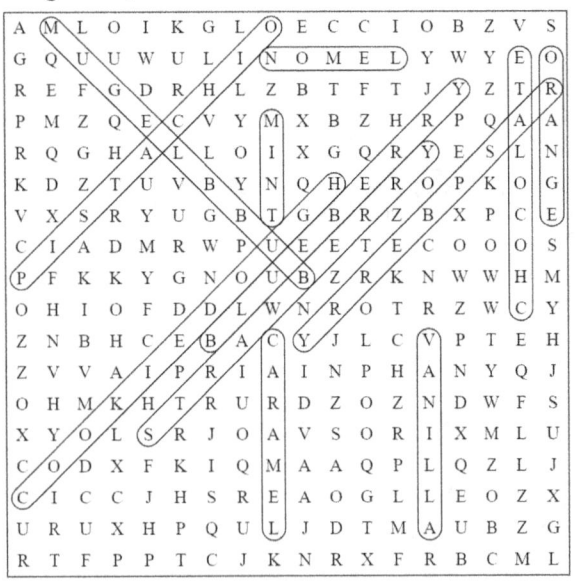

Page 40, Science

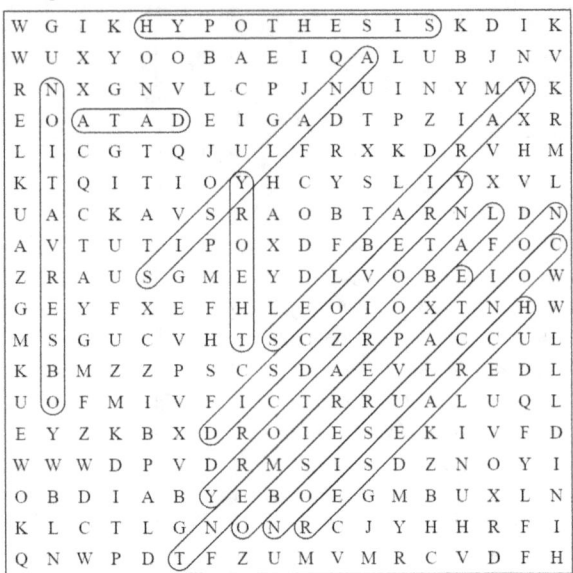

Page 41, Computers

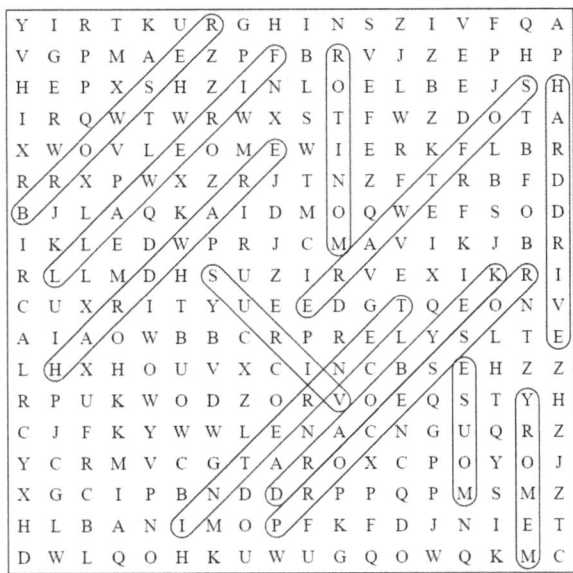

Page 42, Transportation

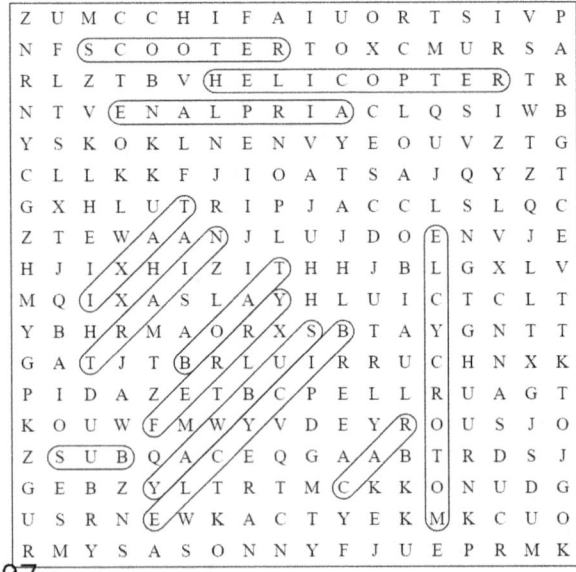

Page 43, Sports
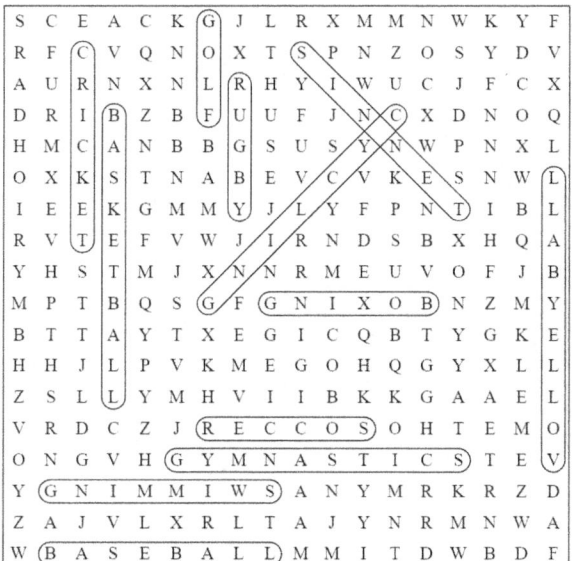

Page 44, Books
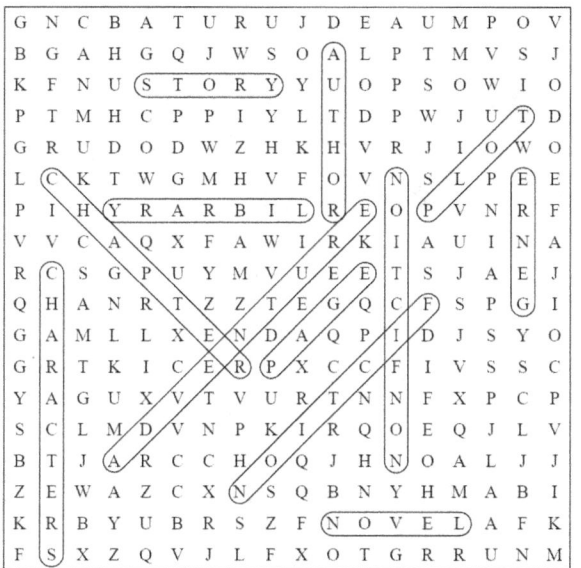

Page 45, Time
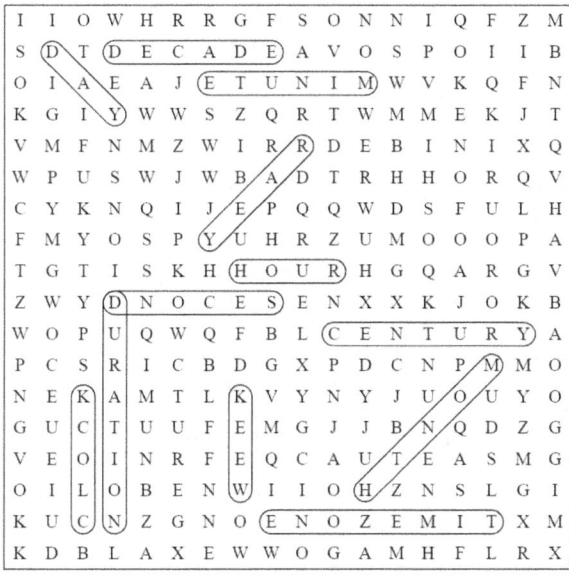

Page 46, Survival Skills
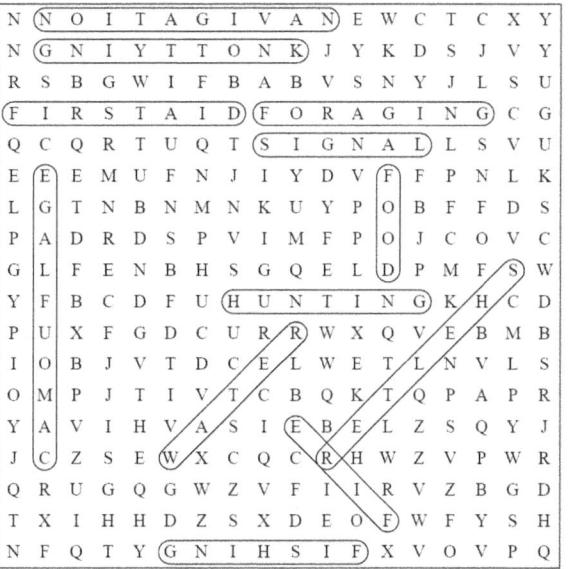

Page 47, Health
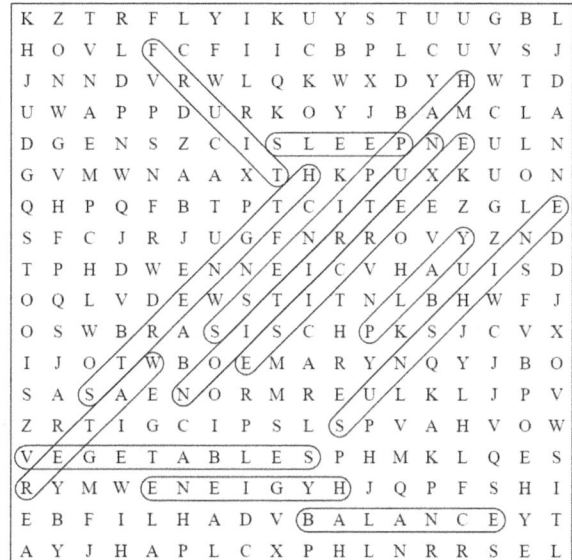

Page 48, Countries
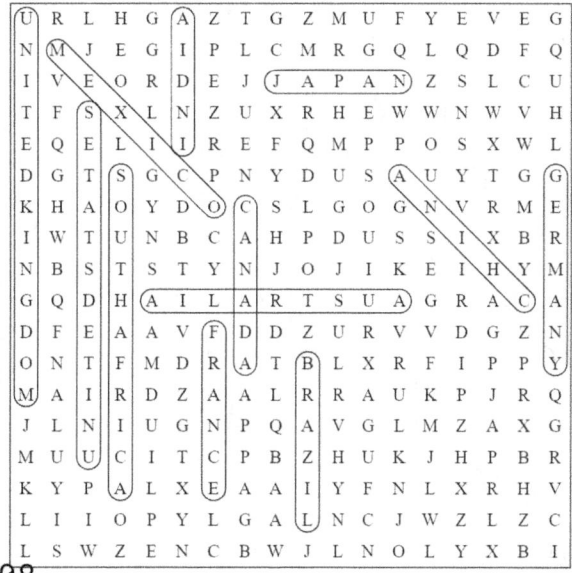

Page 49, Artists
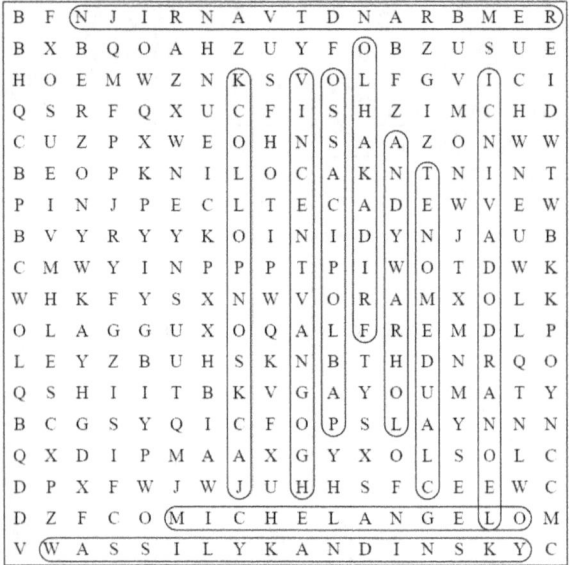

Page 50, Treasure
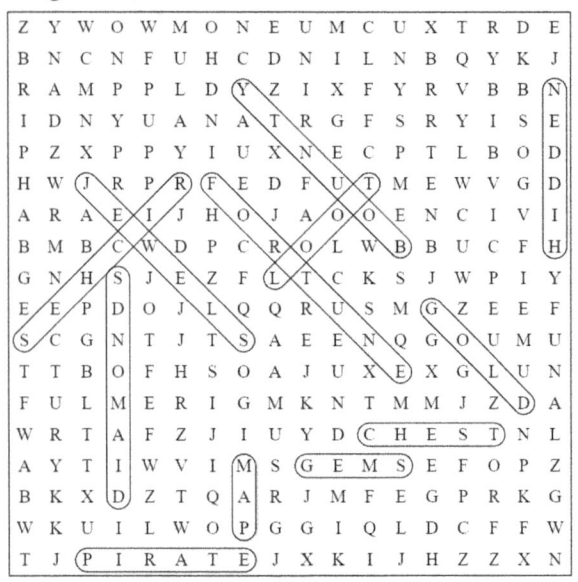

Page 51, Pizza Toppings
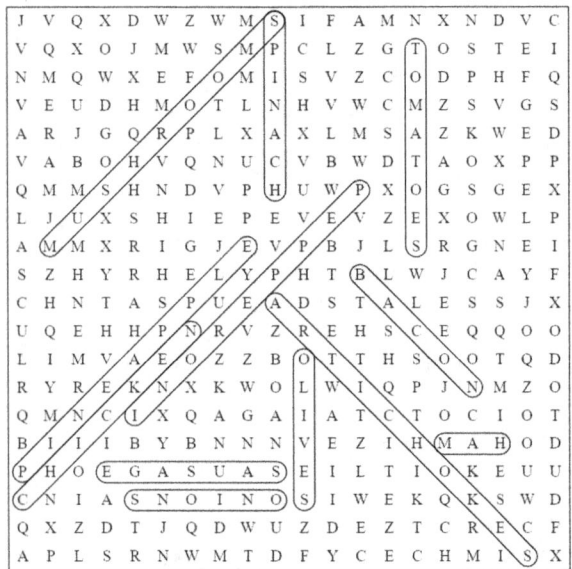

Page 52, Trees
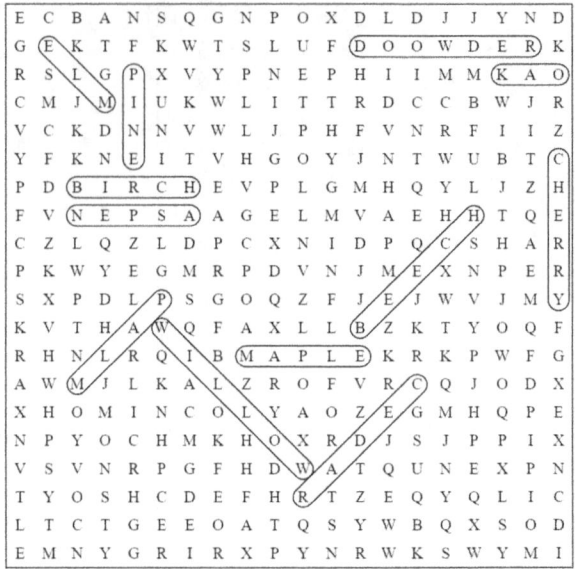

Page 53, Architecture
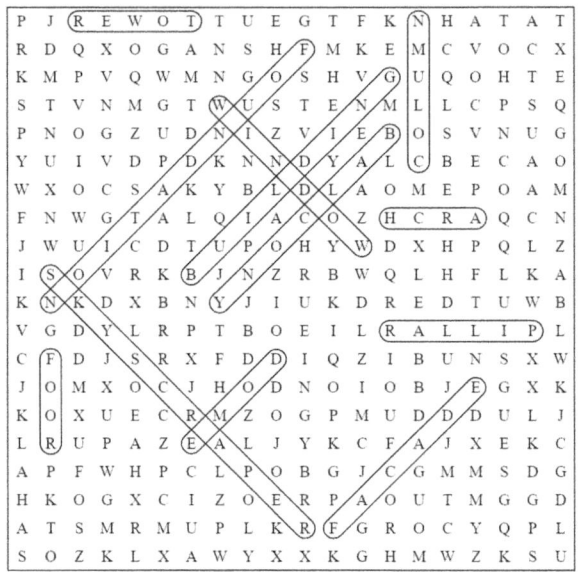

Page 54, Dogs
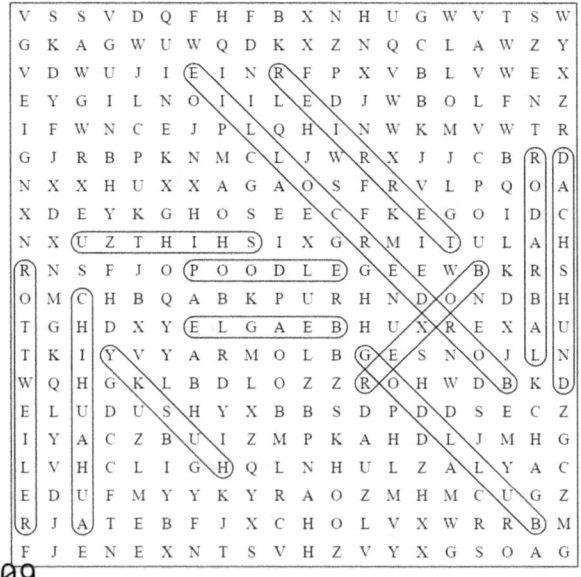

Page 55, Exploration

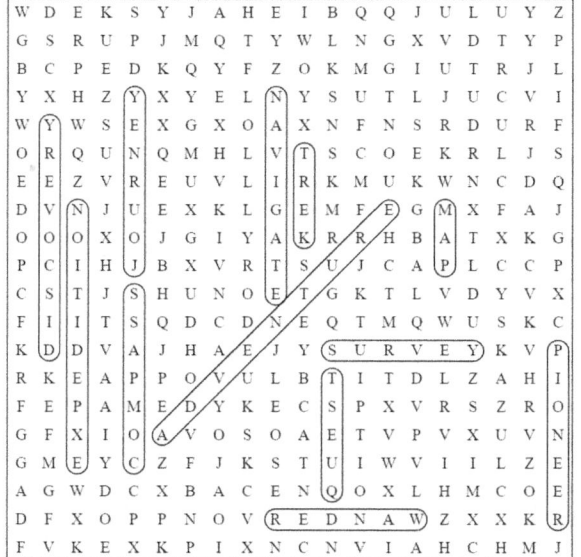

Page 56, Rivers

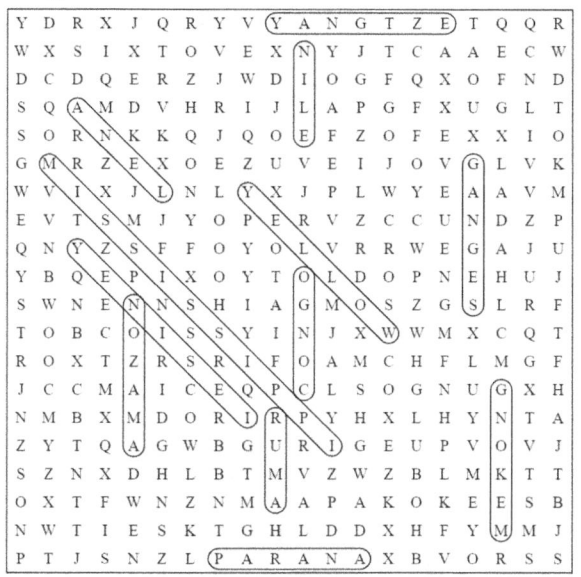

Page 57, Jungle Animals

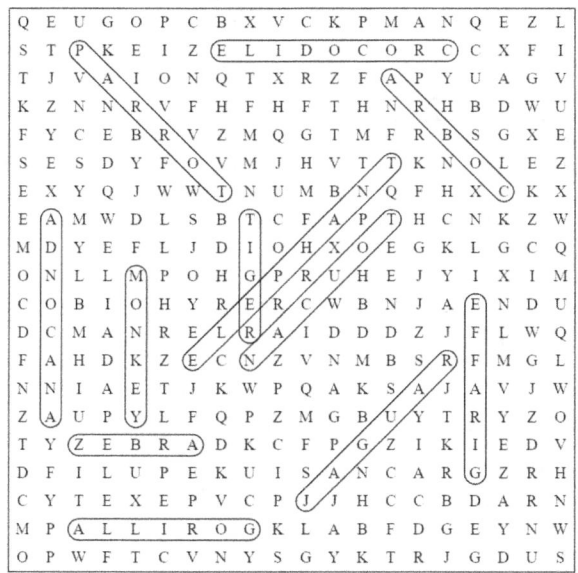

Page 58, School Subjects

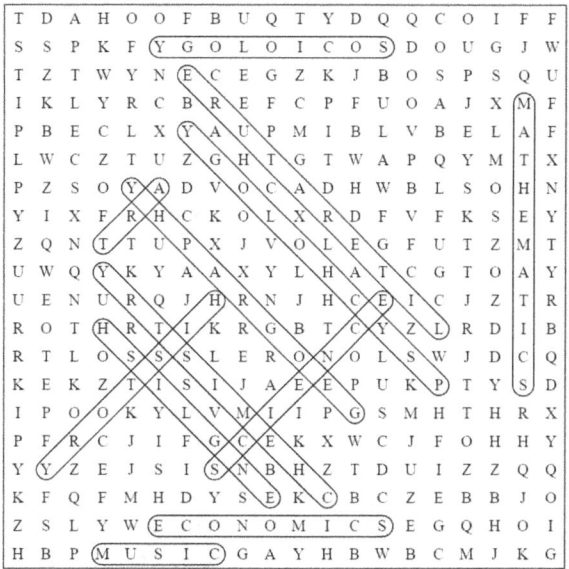

Page 59, Plants

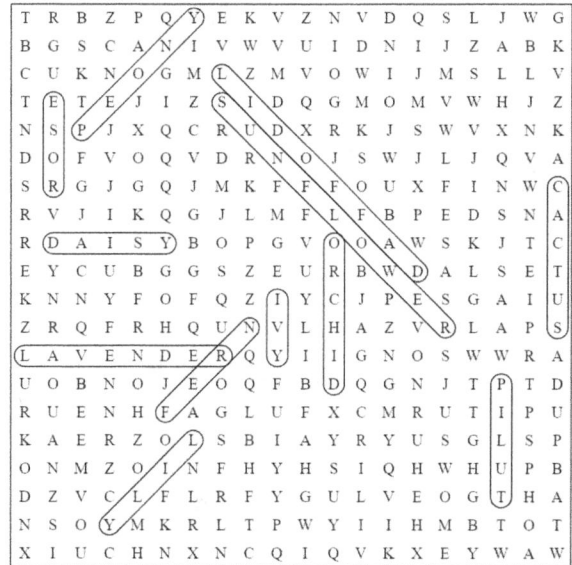

Page 60, Nature

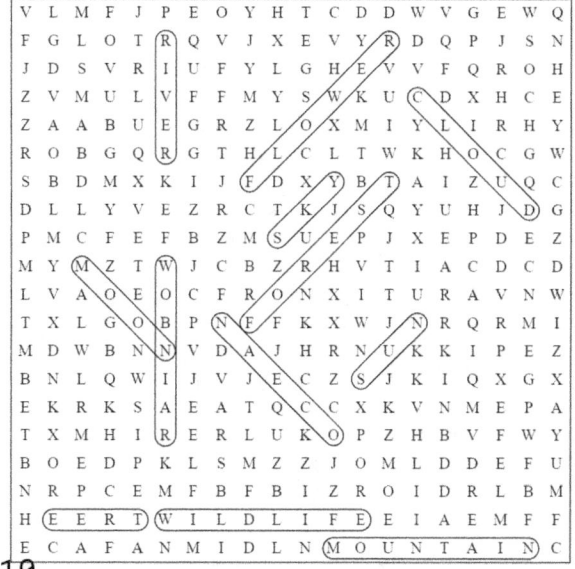

Page 61, Fashion

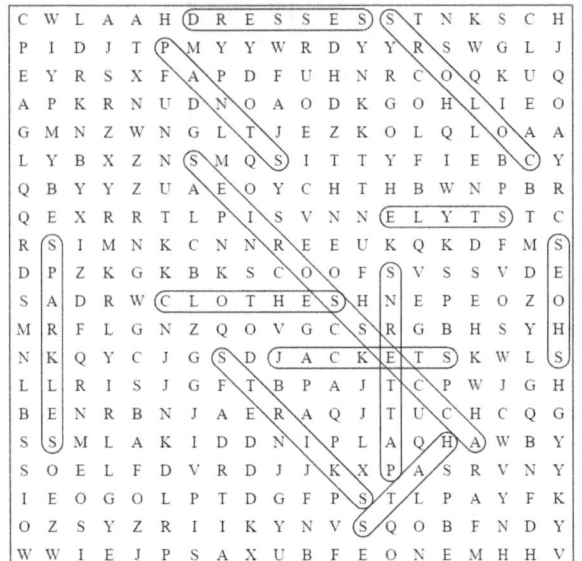

Page 62, Travel

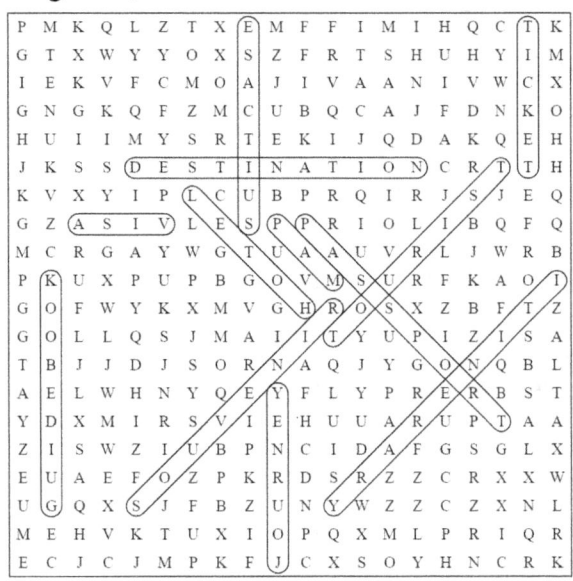

Page 63, Movies

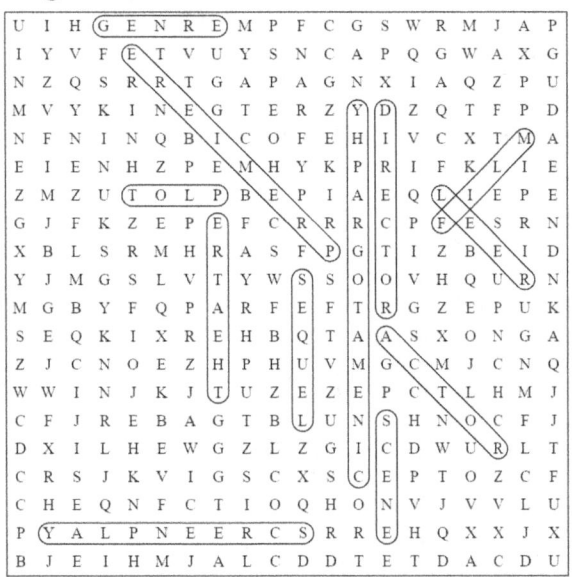

Page 64, Geography

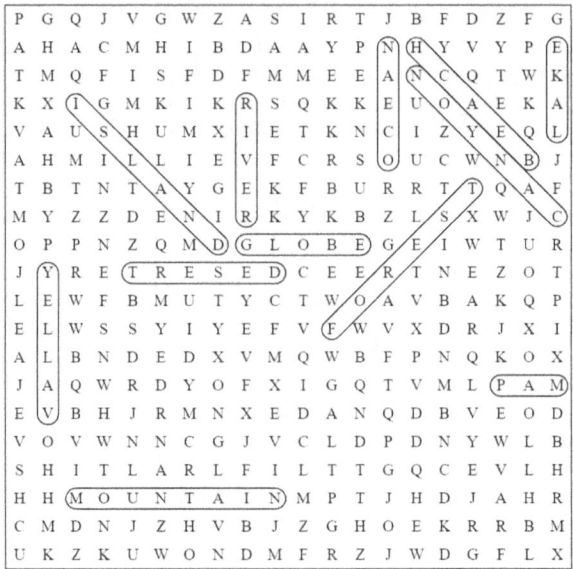

Page 65, Poetry

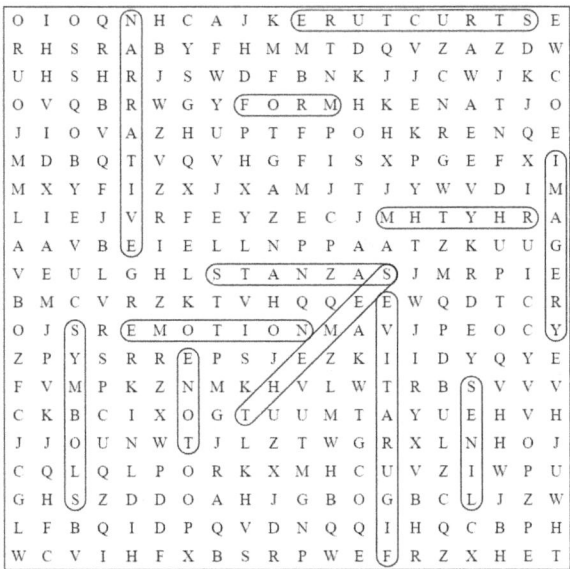

Page 66, Wildlife

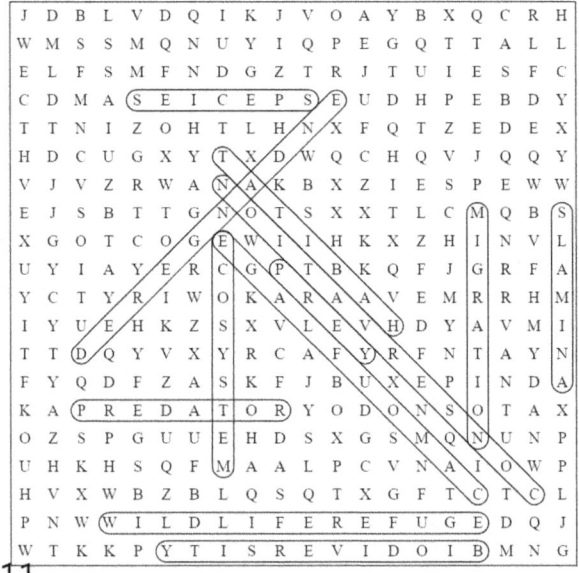

Page 67, Capital Cities

Page 68, Seasons
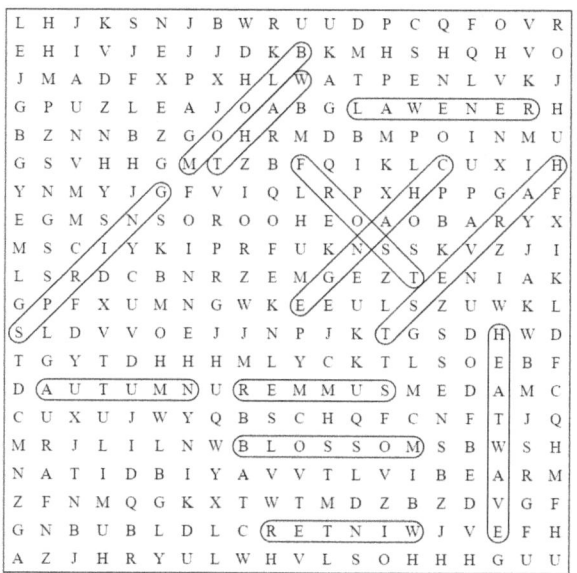

Page 69, Robots
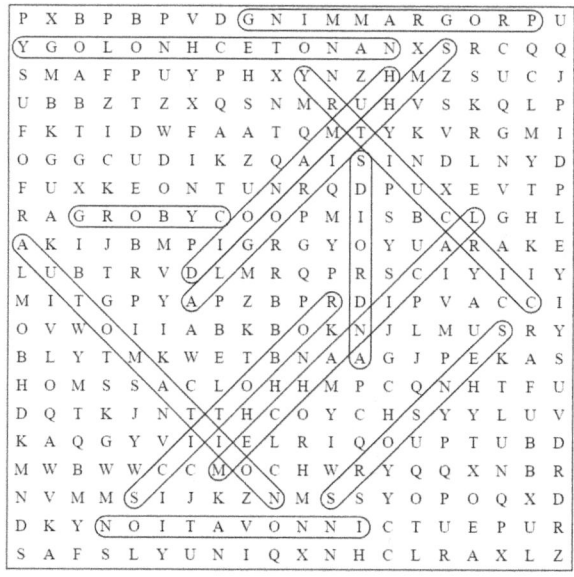

Page 70, Medieval Times
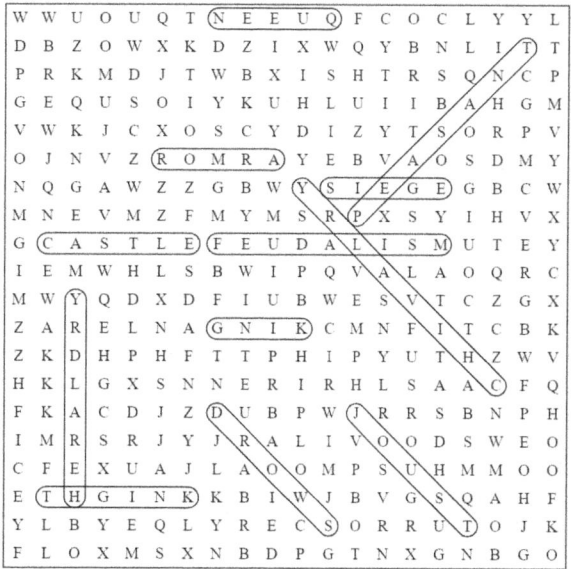

Page 71, Days of the Week
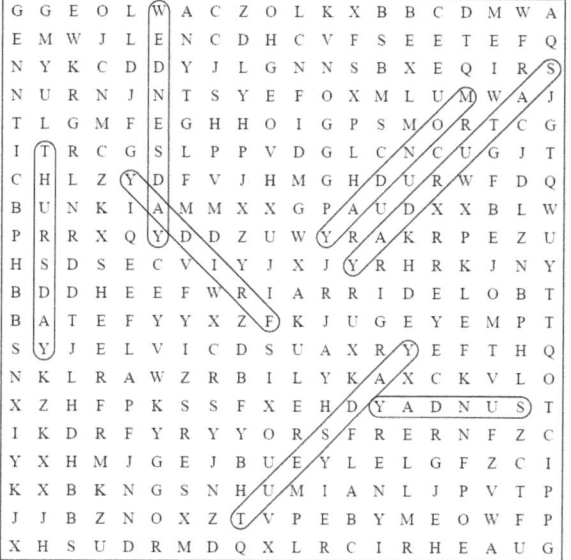

Page 72, Dinosaurs
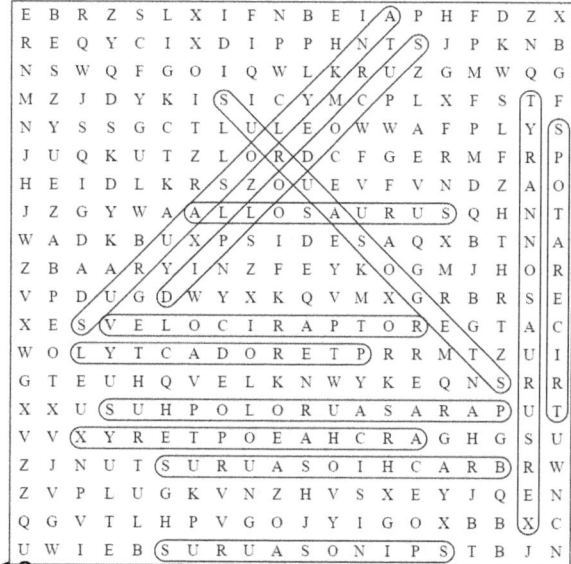

Page 73, American Football
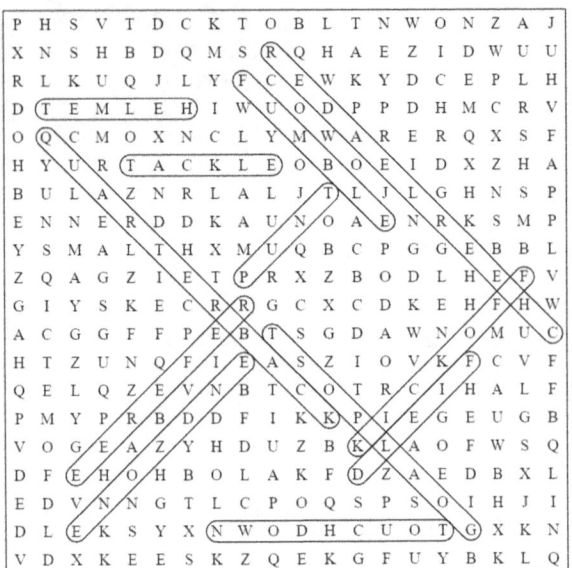

Page 74, Battles
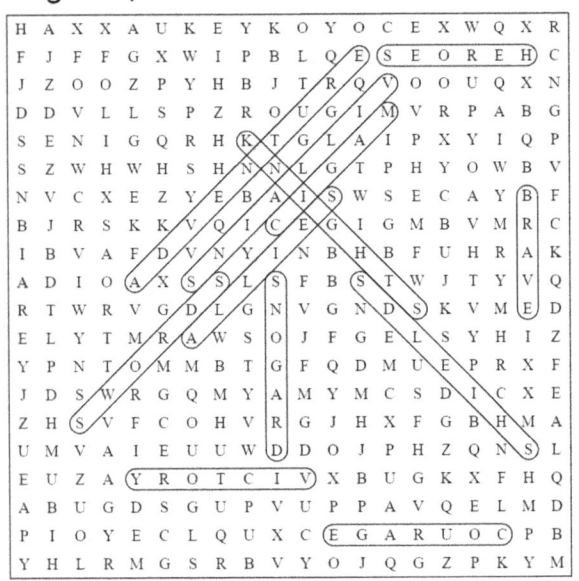

Page 75, Gases
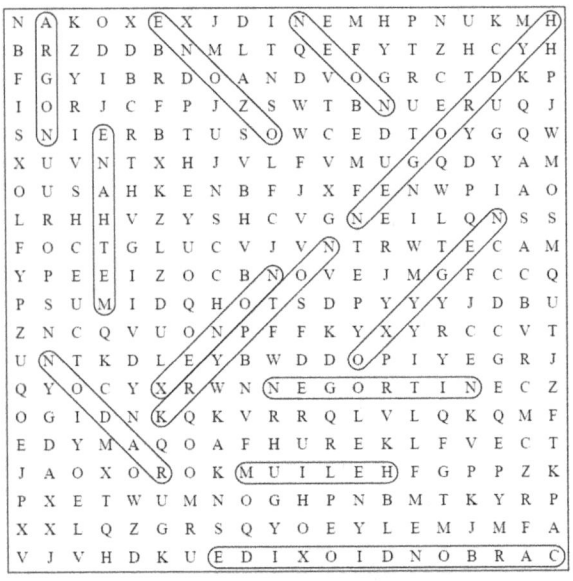

Page 76, Insects
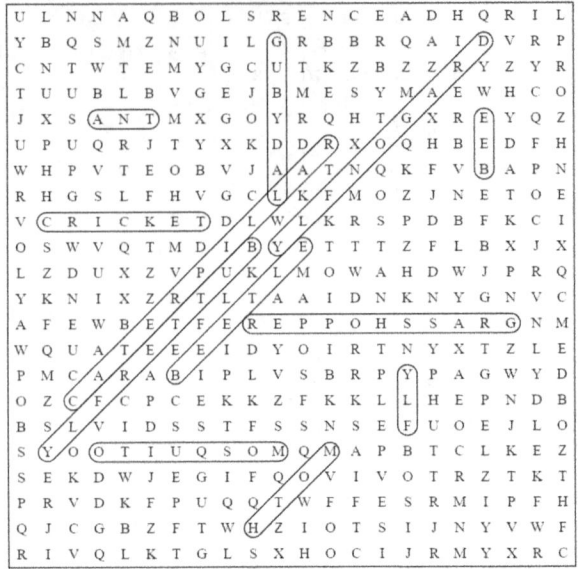

Page 77, Holidays
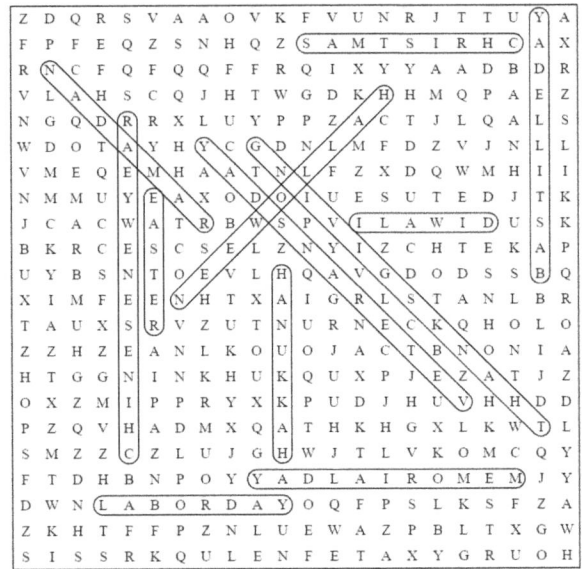

Page 78, Fossils
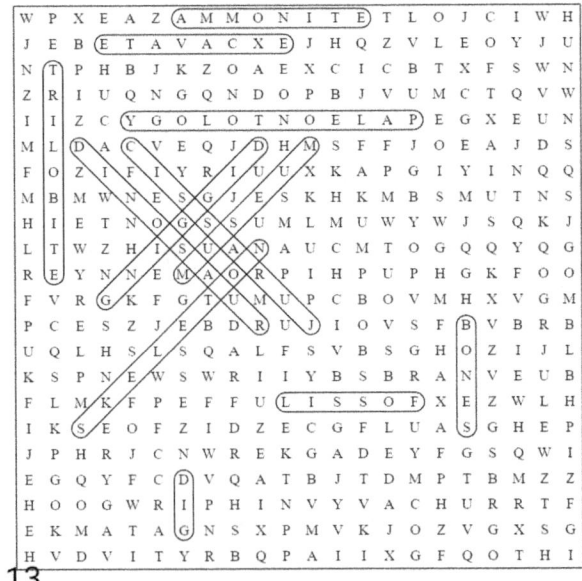

Page 79, Emotions

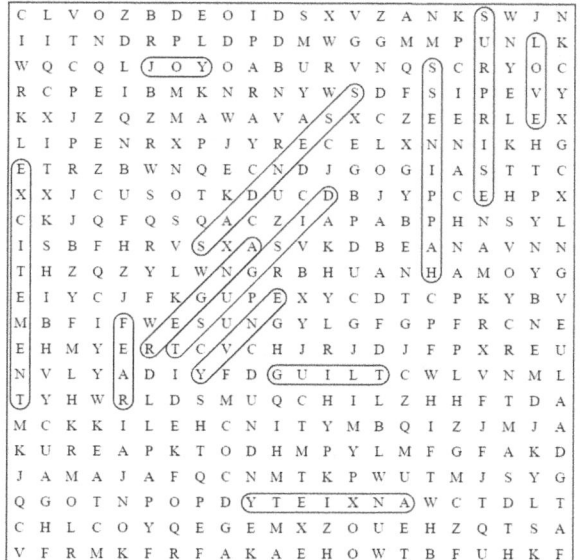

Page 80, Winter

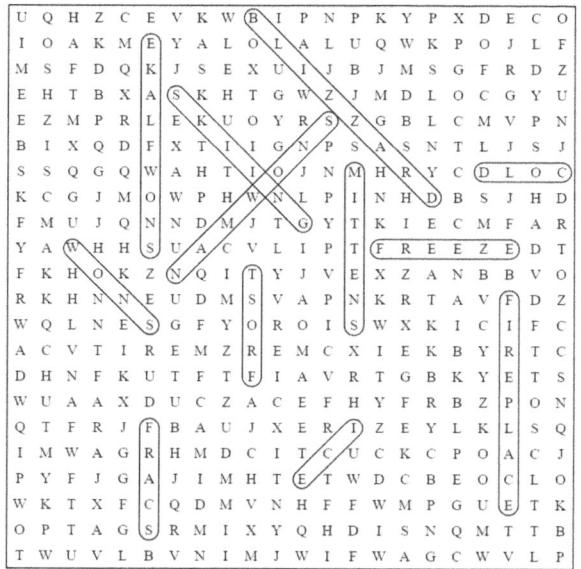

Page 81, Jobs

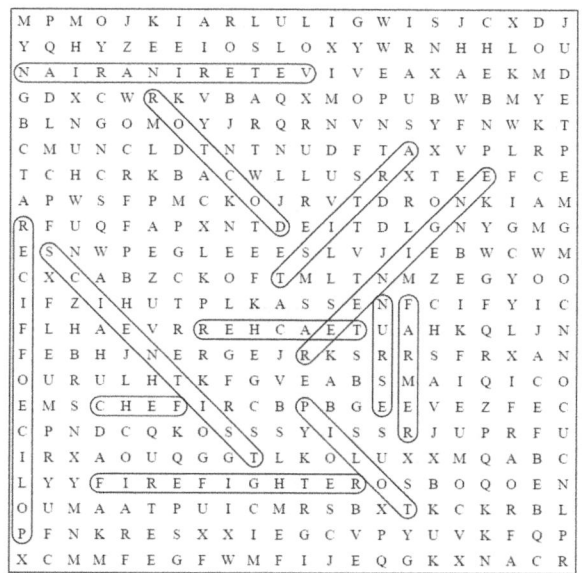

Page 82, Birds

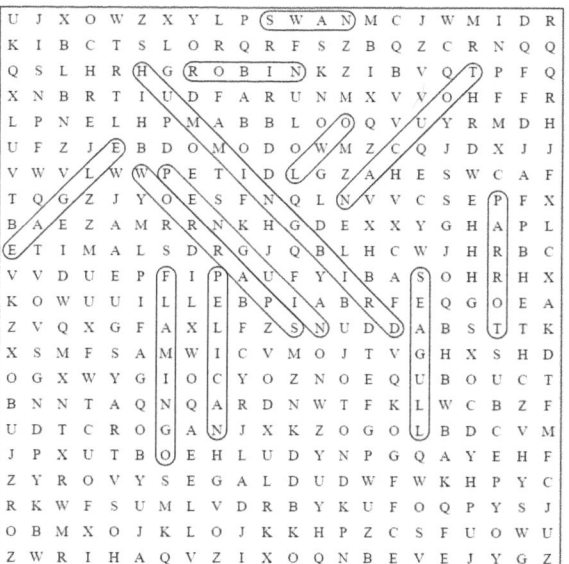

Page 83, Toys

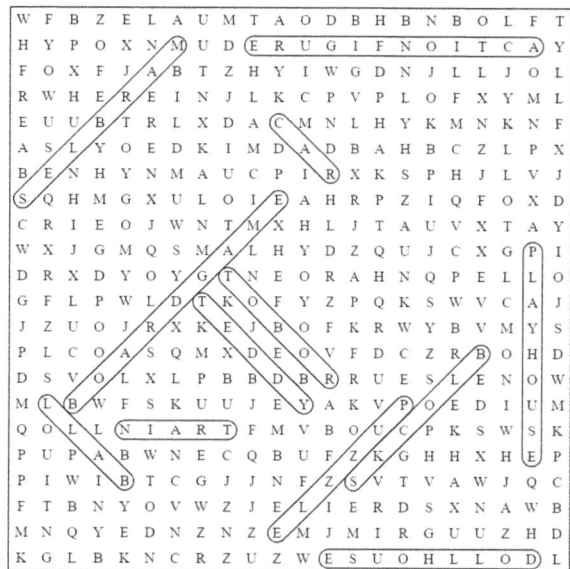

Page 84, Shapes

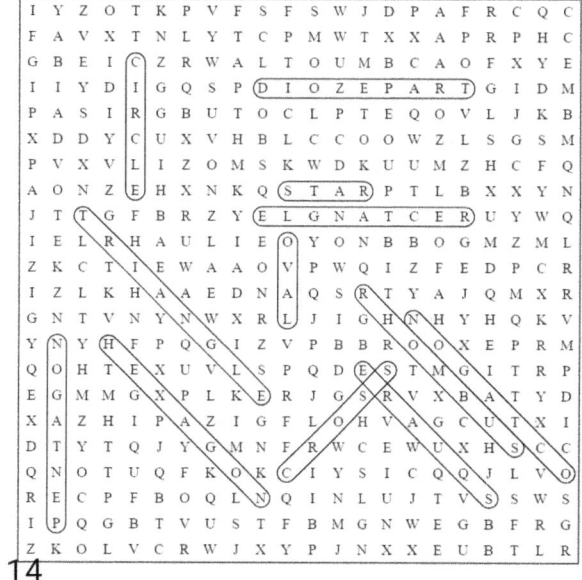

Page 85, Chemistry

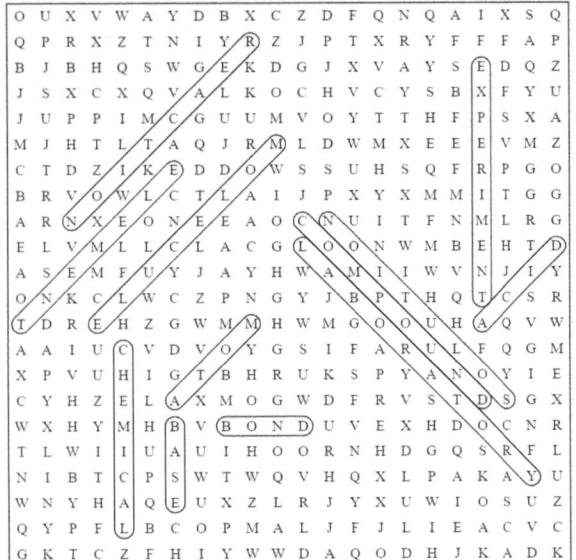

Page 86, Animals

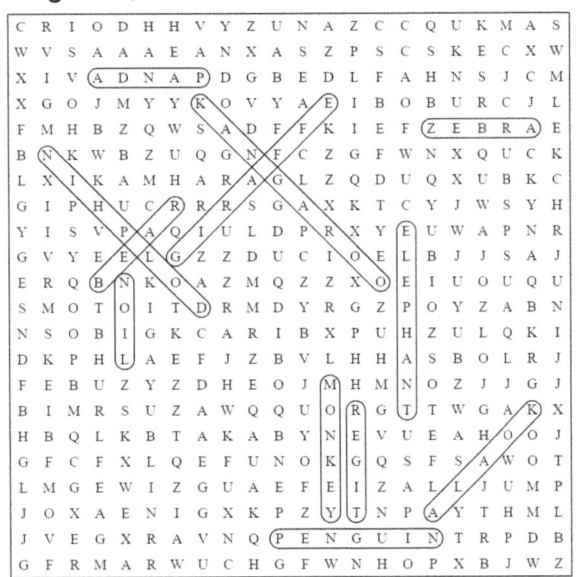

Page 87, Famous Landmarks

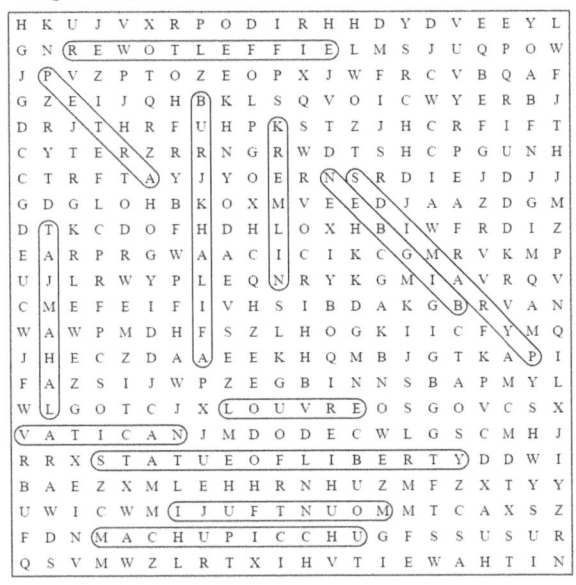

Page 88, Earth

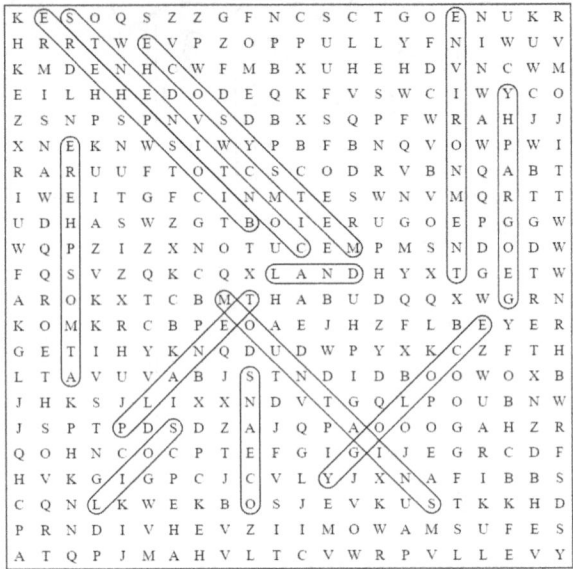

Page 89, Photography

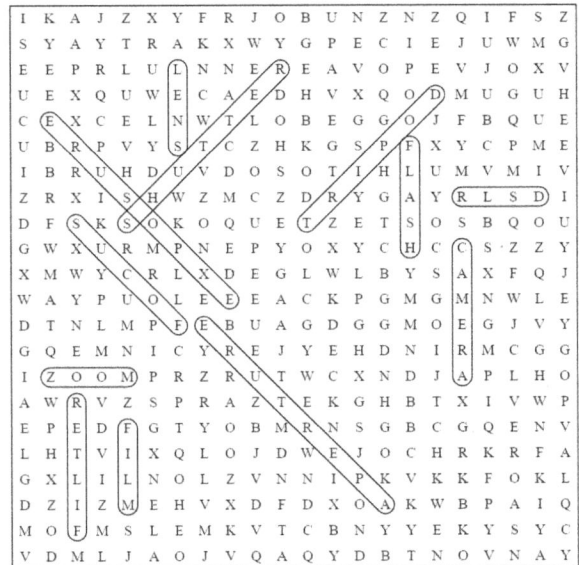

Page 90, Writing

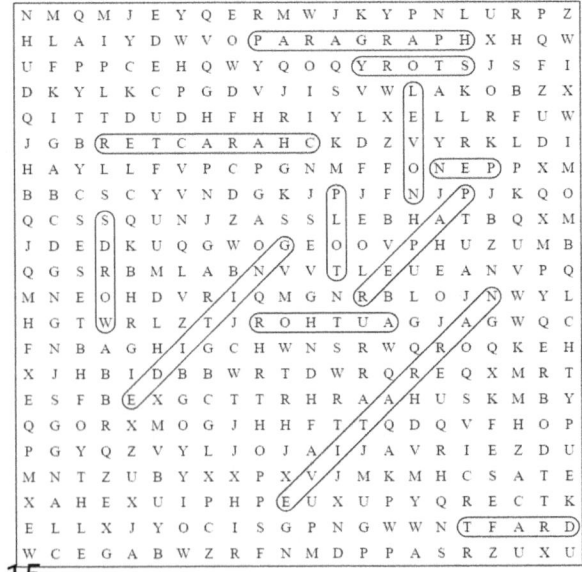

Page 91, Greek Gods
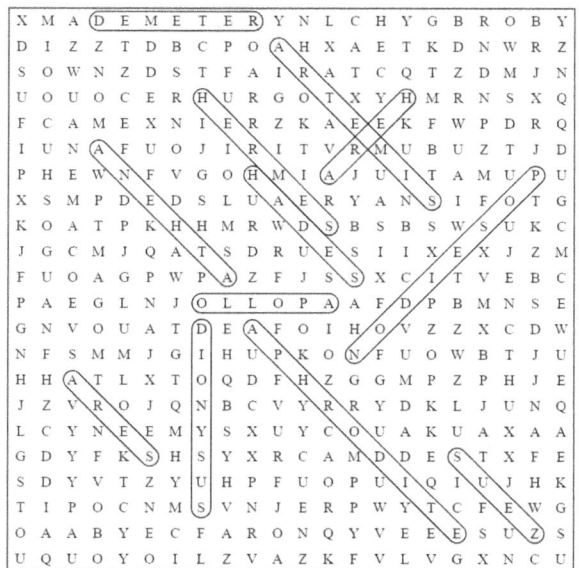

Page 92, Musical Instruments
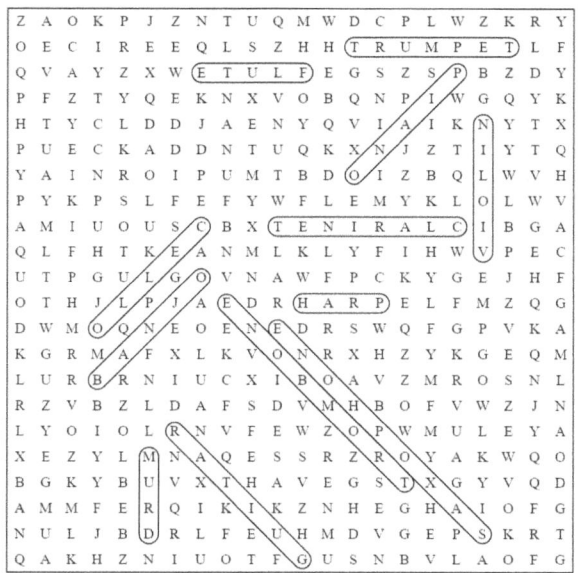

Page 93, Periodic Table
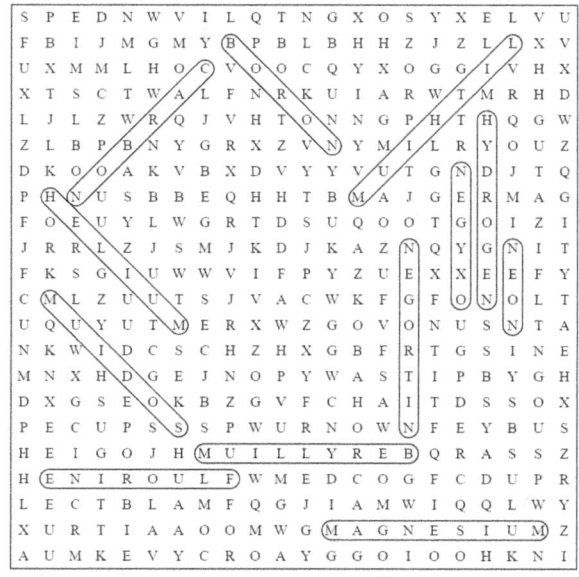

Page 94, Human Body
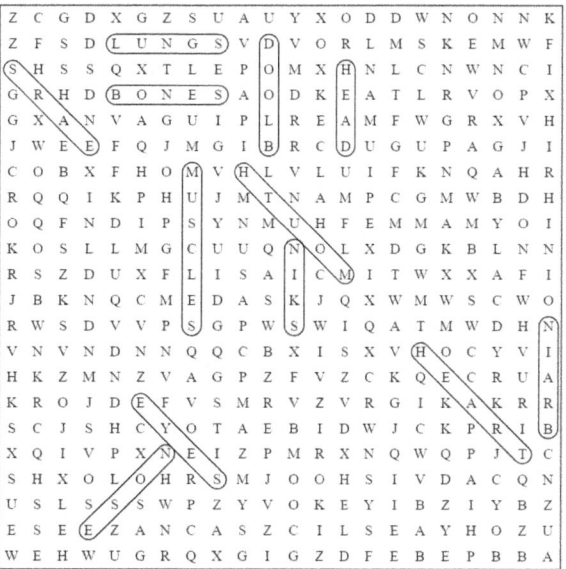

Page 95, Mathematics
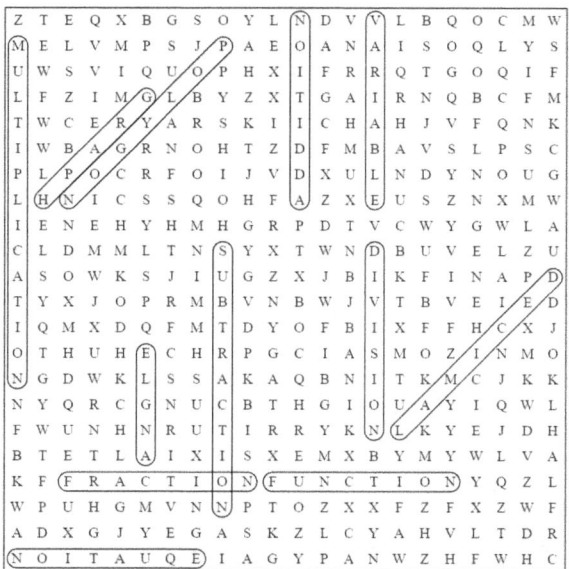

Page 96, Farm Animals
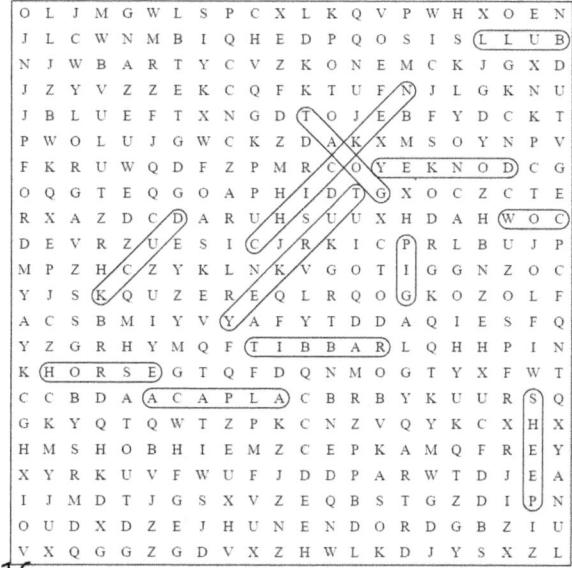

Page 97, Rainbow

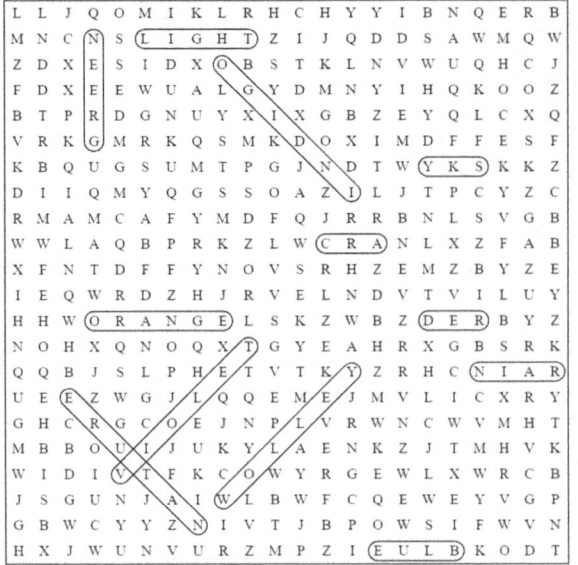

Page 100, Antarctica

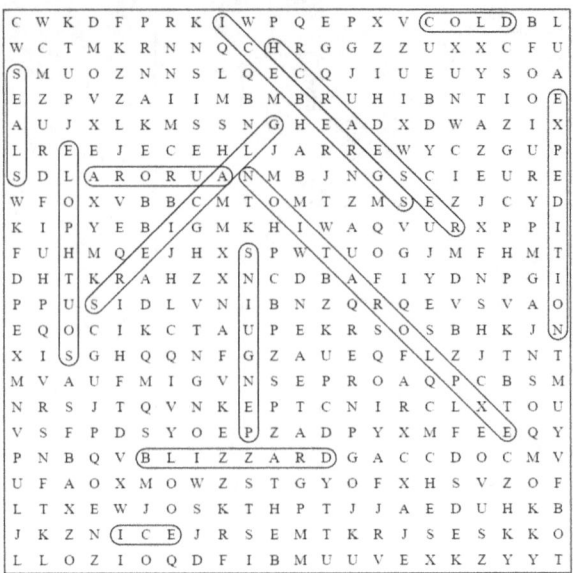

Page 98, Prehistoric Animals

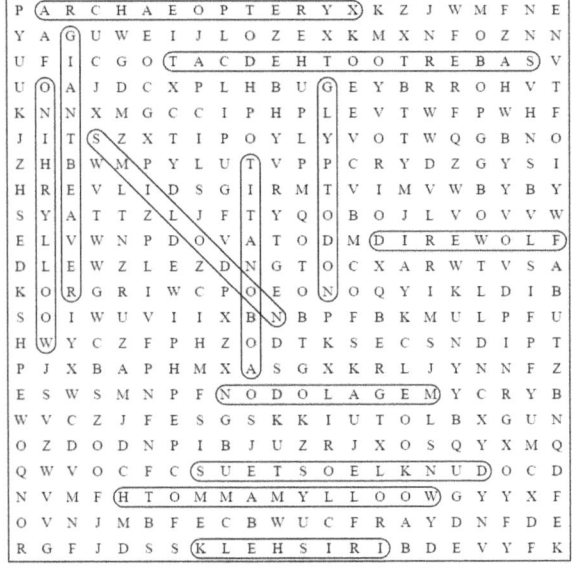

Page 99, Ancient History

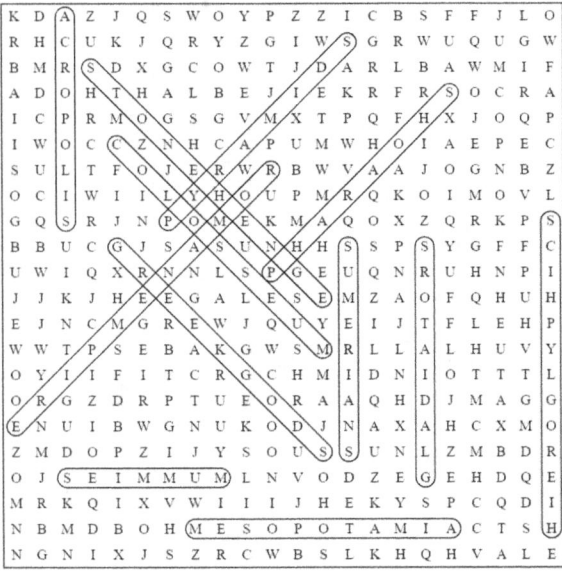

FREE WORD SEARCH PACK

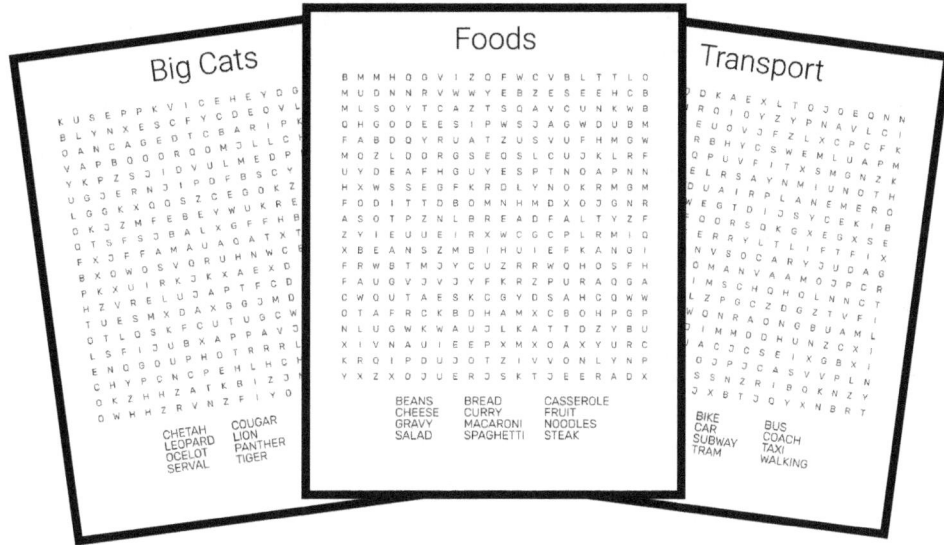

Simply scan the QR code below to get your FREE Word Search pack.

www.ingramcontent.com/pod-product-compliance
Lightning Source LLC
Chambersburg PA
CBHW060425010526
44118CB00017B/2356